NARRACIONES POPULARES

NARRACIONES POPULARES

POR

D. ANTONIO DE TRUEBA

~~~~~~~

MADRID
A. JUBERA, EDITOR.—BOLA, 3, 2.°
1874

Á DON EDUARDO BUSTILLO.

I.

No debo, querido Eduardo, contentarme
con dedicarte este libro, como si dijéramos, á
secas, porque eso seria, en primer lugar, como
si un hermano, al encontrarse con el hermano querido, despues de larga ausencia, le sa-
ludase con un «beso á Vd. la mano,» y, en
segundo lugar, seria desperdiciar una buena
ocasion de decir al público, por el sistema de
«á tí te lo digo, nuera, entiéndelo tú, mi suegra,» lo que acerca de este libro necesito, ó,
cuando ménos, deseo decirle.

Antes de todo te diré por qué llamo á este
libro *Narraciones populares*. Confiésote, aunque no te guste, pues eres algo ménos reac-
cionario que yo, que á pesar de mi antigua
aficion á lo que se llama el pueblo, porque

procedo de esta clase social, porque casi siempre he vivido entre ella y porque he dedicado
buena parte de mi vida al estudio de sus sentimientos y costumbres; confiésote que me va
ya apestando el calificativo de «popular,»
porque, de algun tiempo á esta parte, se abusa
de él tan escandalosamente como te lo proba-
rán dos ejemplos que voy á someter á tu consideracion. En estos últimos años, en que tanto
se han cacareado la libertad y los derechos
individuales, he visto en una capital de treinta
mil almas, rica, culta, liberal, independiente,
altiva, llamar ayuntamiento popular al elegido por ciento cincuenta ciudadanos, únicos á
quienes habia permitido votar el garrote de dos
aprendices de torero, y he visto en la misma
provincia llamar tambien ayuntamientos populares á una porcion de ayuntamientos ele-
gidos á culatazos por un peloton de soldados.

De todo se abusa en este mundo, ó, mejor
dicho, en esta desventurada España, é infini-
tamente más desde que se trastornó de arriba
abajo la sociedad, con pretesto de acabar con
los abusos; pero porque, en nombre de Dios,
veamos encender la guerra civil, y arruinar á
la patria, y saquear y apalear á los honrados
y pacíficos ciudadanos, y emplumar á las dé-

biles mujeres, y porque veamos, en nombre de
la libertad, blasfemar de Dios, y bombardear
é incendiar los pueblos, ó inundar de sangre
las calles y los campos, y atacar y destruir
la propiedad, y conculcar y desobedecer toda
ley divina y humana, no por eso los hombres
sensatos hemos de abominar del nombre de Dios
ni del nombre de la libertad, que estos nombres
son demasiado augustos para que las miserias
humanas puedan disminuir el amor y la veneracion que les debemos. En nuestra buena
lengua castellana existe el adjetivo «popular»
para designar lo que pertenece al pueblo, y
los que de esta lengua nos servimos, no podemos prescindir de ese adjetivo, á ménos que
prescindamos de la idea que espresa.

Pudiera yo haber dado el nombre de cuentos
á estas narraciones, como se le he dado á otras
de la misma índole que corren por ahí impre-
sas; pero he tenido mis razones para no hacerlo: la primera, es mi deseo de evitar entre este
libro y alguno de sus hermanos toda confusion, y la segunda, ciertos escrúpulos, pura-
mente de arte, que voy teniendo en llamar
cuentos á narraciones en que el narrador toma la parte propiamente de cuento por pretesto para meterse en el campo de la filosofía y

hasta en el de sus recuerdos y sentimientos individuales. De calificarlas de populares no he podido ni debido prescindir, porque tanto su fondo como su forma lo son. El fondo, que es el pensamiento capital, está tomado de esa multitud de cuentos ó narraciones orales con que el pueblo entretiene sus ócios y sus trabajos, ó dá forma, como si dijéramos, tangible á su filosofía; y la forma, que es el lenguaje, está en lo posible asimilada al lenguaje del pueblo, para que el fondo y la forma no rabien de verse juntos, y para que los lectores me entiendan mejor hablándoles en el idioma que les es más familiar y querido, pues en la vida familiar, que es á la que libros como este se destinan, hablamos altos y bajos el idioma del pueblo.

II.

Como andan ya por esos mundos de Dios cinco tomos de cuentos mios, cada cual con su prólogo (1), tengo ya dicho casi todo lo que tenia que decir acerca de los cuentos, y sobre todo de los cuentos populares; pero aún así necesito repetir algo para la mejor inteligencia de estas narraciones, cuentos ó lo que sean.

La tarea que emprendí hace tiempo y continúo, consiste en recoger las narraciones, cuentos ó anécdotas que andan en boca del pueblo y son obra de la inventiva popular, que unas veces crea y otras imita, si es que no plagia, cuidando cuando imita de dar á la imitacion la forma de la originalidad. Algunos de los escritores ó colectores que en el extranjero y particularmente en Alemania se han dedicado á análoga tarea, han seguido distinto camino que yo; pues, como han hecho los hermanos Grimm, reproducen los cuentos populares casi como los han recogido de boca del pueblo. Este sistema no es de mi gusto, porque casi todos los cuentos populares, aunque tengan un fondo precioso, tienen una forma absurda, y para ingresar dignamente entre

_____

(1) Cuentos de color de rosa.—Cuentos campesinos.—Cuentos populares.—Cuentos de vivos y muertos.—Cuentos de varios colores.

los productos del arte literario, necesitan que el arte los perfeccione y encamine á un fin moral ó filosófico de que no debe carecer nada en la esfera del arte.

Un buen amigo mio, muy aficionado á la literatura popular, pero poco apto para cultivarla, andaba por las Provincias Vascongadas desviviéndose por encontrar cuentos y tradiciones populares, y se me quejaba un dia de que yo era más feliz que él, pues encontraba á cada paso lo que él en ninguna parte podia encontrar. Buscaba yo medio de decirle lo que sobre el particular pensaba sin herir su amor propio ni traspasar los límites de la modestia, cuando un aldeano que estaba presente me sacó del paso diciendo á mi amigo:

—No se desanime Vd. por eso, D. Roman, que el mejor dia encontrará Vd. lo que busca, donde ménos piense encontrarlo. Mire Vd., en el pórtico de la iglesia de mi aldea habia un madero sin labrar ni nada, y á nadie le habia ocurrido nunca que sirviese más que para lo que servia, es decir, para sentarse malamente la gente que esperaba el último toque de misa. Pues un dia fué por allí uno de esos que hacen santos, y como le encargase el señor cura que hiciese una vírgen, sacó una preciosa... ¿de dónde dirá Vd. que la sacó? del madero del pórtico, que al parecer no servia para nada.

—Sí, añadí yo, no sé quién ha dicho que en toda piedra ó madero hay una estátua, y el mérito del escultor está en acertar á sacarla. Amigo Roman, el cuento, la tradicion, la anécdota, el chascarrillo, el sucedido, la agudeza, que á cada paso se encuentra uno en boca del pueblo, es el madero ó la piedra tosca de donde el arte literario saca aquello que le honra. ¿Tú quieres encontrar la estátua hecha y derecha? Eso no puede ser, amigo mio, y si pudiera ser, ¿qué mérito habria en el artista?

Roman calló y desde entonces procuró sacar la estátua de la piedra ó el madero tosco con que tropezaba á cada paso; pero el pobre se murió sin conseguirlo. No es esto decir que yo haya sido más diestro que él, pero sí que he sido más obstinado y perseverante.

III.

He dicho que el fondo de los cuentos populares suele ser precioso aunque la forma sea
absurda, y en esta coleccion hay ejemplos de
ello. ¿No te parece, como á mí, querido Eduardo, que aunque el pueblo no hubiese ideado
más cuentos que el que yo titulo *Las dudas
de San Pedro*, cuyo fondo pertenece por entero al pueblo, tendria éste un gran título al
dictado de filósofo y artista consumado en la
estética? La teoría de la fé cristiana está tan
admirablemente simplificada y puesta de re-
lieve en el fondo de ese cuento (contado en
vascuence á un amigo mio durante la guerra
civil por sus sencillas patronas en una casería
vascongada donde estaba alojado), que si yo
fuese su autor, me parece que reventaria de
vanidad por el hecho de serlo.

No necesito encarecer la conveniencia de
recoger y estudiar y llevar al tesoro de la literatura y la filosofía patrias los cuentos populares, porque esta conveniencia está ya demos-
trada con el afan con que se los recoge y estu-

dia en todos los paises cultos. Lo que con toda sinceridad haré, es lamentar que casi sea yo el único escritor que en nuestra patria se haya dedicado con algun empeño á esta tarea, sobre todo desde que el ilustre Fernan Caballero descansa de las gloriosísimas suyas. Como quiero más ser tachado de vano que de hipócrita, no negaré que me creo con alguna buena condícion para desempeñarla, cual es la facilidad que encuentro en asimilarme al sentimiento y el lenguaje del pueblo, en lo que soy tan estremado, que cuando hago sentir y hablar á San Pedro, ó á Pericañas, ó á Tragaldabas, ó á Antonazas, ó á Juan Lanas, ó á Chómin, ó á Angelote, ó á Pico de Oro, ó al demonio, me parece que me he convertido en ellos; pero no basta esto para que me crea digno de recoger y llevar los cuentos populares al tesoro de la literatura y la filosofía patrias, porque para serlo se necesitan dotes de filósofo, de crítico y de filólogo, que yo ni por asomo tengo y que brillan en muchos de mis conciudadanos de la república literaria española, ménos fecunda en cabezas vacías ó llenas de aire corrupto que la república política.

De todos modos, y por más que crea que desempeño mal esta tarea de recoger los cuen-

tos populares y aderezarlos un poco á fin de
que puedan obtener el pase á nuestra literatura, tengo una esperanza que me consuela y
anima á proseguir mi tarea: hace veinte años
el arte literario apenas habia parado mientes
en los cantares populares españoles, á pesar
de que eran rico tesoro de poesía y fuente
inagotable de enseñanza para estudiar las
trasformaciones de nuestro espíritu popular,
de nuestros sentimientos, de nuestras creen-
cias, y hasta de nuestro idioma. Un humilde y
oscuro poeta, despues de inspirarse en ellos,
escribió un libro que por esta circunstancia
llamó *El libro de los cantares*, y cuya circula-
cion ha sido tal, que despues de haberse hecho
seis numerosas ediciones, no se encuentra hoy
ejemplar ninguno de él en las librerías españo-
las. Sea por casual coincidencia, sea por influencia de aquel libro, nuestros cantares
populares ocupan en la poesía moderna un lugar tan privilegiado como el que ocupa el Ro-
mancero en la antigua. Yo, que soy el autor
de aquel libro, no creo pecar de iluso é inmo-
desto si espero obtener para los cuentos populares lo que obtuve para los cantares sus hermanos.

IV.

He concluido, querido Eduardo, de hablar de este libro, que si tiene alguna importancia filosófica y alguna amenidad, más que á mi ingenio, se deben á la inventiva y el espíritu popular que en el desempeño de su fondo y forma me han servido de guia; pero no quiero terminar este prologuillo-dedicatoria sin aprovechar la ocasion, no del todo inoportuna, para decir algo que hace tiempo deseaba decir.

La forma popular es muy conveniente en las obras literarias que, como esta, aspiran á deleitar é instruir algo, particularmente en el seno de la familia. Todas las gentes, aunque pertenezcan á la clase más elevada de la sociedad, tienen algo, ó, más bien, tienen mucho de lo que se llama pueblo, porque hasta el más campanudo y perfilado en la vida pública, es en la vida privada, en la vida íntima, en la vida de la amistad y la familia, sencillo, familiar, vulgar, en una palabra, popular. ¿Quieres apostar, querido Eduardo, á que esos oradores y escritores que cuando hablan y escriben en público se remontan al quinto cielo y no saben salir de luz, éter y estrellas, y se diria que se les subleva el estómago cuando descienden á estas regiones sub-lunares, descienden en el fondo de su hogar á todos los modismos y todas las acciones del pueblo? Es que el sentimiento, la accion y la espreston popular son una especie de instinto natural en nosotros. Pues si esto es así, como firmemente creo, el arte literario, que imita el fondo y la forma, el sentimiento y la espresion del pueblo, lleva en sí una eficaz garantía de éxito, y no sé esplicarme cómo en España son tan pocos los que le ejercen, cómo son aun ménos los que no le ejercen empíricamente, porque la verdad es que en el noventa y cinco por ciento de nuestras obras literarias de costumbres populares, el fondo y la forma son falsos, pues el pueblo no siente, ni obra, ni habla como allí se pretende.

Concretándome solo al lenguaje que se atribuye al pueblo, pudiera citarte cien modismos que el pueblo no usa ni ha usado nunca en ninguna comarca de España, y sin embargo, son la muletilla obligada del noventa y cinco por ciento de los que en el libro, ó en el teatro, ó en el periódico conceden la palabra al pueblo y le sirven de apuntadores. Y en mi humilde concepto, todo esto sucede porque el noventa y cinco por ciento de los que ejercen el arte propiamente de imitacion, cuidan poquísimo ó nada de estudiar en la naturaleza, que es de donde procede todo lo verdadero, y por consecuencia, todo lo bueno que encierran las obras del arte.

Con esto, mi buen Eduardo, no he querido erigir cátedra de maestro en el arte literario, que ya sé que no valgo para eso, sino esplicar cuál es mi modo de pensar en ciertas materias, para esplicar así los escesos de *realismo* que me han echado en cara algunos críticos más ó ménos autorizados y algunos otros faltos de toda autoridad literaria, como un caballero particular bilbaino á quien yo mismo oí decir que le cargábamos los escritores de costumbres verdaderas, porque en la verdad no hay ni puede haber poesía, pues poesía y mentira son una misma cosa.

Tú, que fatigado de luchar en Madrid por conquistar gloria y un poco de bienestar, te convenciste al fin de que en estos tiempos que corren esa conquista era aquí un imposible para gentes de alma tan honrada como la tuya, y fuiste á pedir descanso y consuelo á

2

ese hermoso, tranquilo y amado rincon de As-
túrias, donde los has encontrado en el seno de
la familia y en los encantos de la naturaleza
y del cultivo de la poesía; tú sabrás si en la
verdad hay ó no poesía, y por tanto si vale ó
no algo el humilde libro que envia á que te
salude cariñosamente en tu retiro de Celório,
tu amigo

ANTONIO DE TRUEBA.

Madrid 1.º Noviembre 1878.

EL CURA DE PARACUELLOS.

I.

Paracuellos, que es un lugar de tres al cuarto, situado en la orilla izquierda del Jarama, como dos leguas al Oriente de Madrid, tenia un señor cura que, mejorando lo presente, valia cualquier dinero.

Es cosa de contar de cuatro plumadas su vida, que la de los hombres que valen se ha de contar y no la de aquellos de quien se dice:

En el mundo hay muchos hombres
de historia tan miserable,
que se compendia diciendo
que *nacen, pacen* y *yacen.*

Su padre era un pobre jornalero que no sabia la Q, de lo cual estaba pesarosísimo, tanto que no se le caia de la boca la máxima de que el saber no ocupa lugar. Consecuente con esta máxima, puso el chico á la escuela, y el chico hizo en pocos meses tales progresos, que, segun la espresion de su buen padre, leia ya como un papagayo.

Así las cosas, dió al pobre jornalero un dolor no sé en qué parte, y se murió rodeado de su mujer y sus hijos, repitiendo á estos, y muy particularmente al escolar, que era el mayor, su eterna cancion de que el saber no ocupa lugar.

La madre de Pepillo, que así se llamaba nuestro héroe (como dicen los genealogistas, aunque su héroe no sea tal héroe ni tal calabaza), se vió negra para tapar tantas boquitas como le pedian pan á todas horas, y como le saliese proporcion de acomodar á Pepillo con un amo que le mantuviese, vistiese y calzase (vamos al decir), no tuvo más remedio que aprovecharla, por más que le doliese quitar al chico de la escuela. El amo con quien la tia Trifona (que así se llamaba la viuda) acomodó á Pepillo, era el mayoral de una de las toradas que pastan en la ribera del Jarama, segun sabemos por los poetas que tanto han molido al respetable público con los toros jarameños, como si los toros fueran un gran elemento poético.

Pepillo se pasaba el dia en aquellos campos arreando pedradas con la honda á los toros que se desmandaban, y muy contento con no perder de vista á su pueblo natal, que se destaca encaramado en un alto cerro que domina toda la campiña y muy particularmente las praderas baña-

das por el Jarama. Era tal el apego que Pepillo
tenia á su pueblo, que llevarle á donde no le viera
hubiera sido llevarle al campo-santo. Ya esto dice
mucho en su favor, porque no puede ménos de
ser un bribon de siete suelas el que no tiene apego al pueblo donde ha nacido, donde se ha criado
y donde están, vivos ó muertos, sus padres, aunque el pueblo sea tan desgalichado como lo son
casi todos los de las cercanías de Madrid (y per-
donen sus naturales el modo de señalar).

Como Pepillo tenia muy presente la máxima
de su padre de que el saber no ocupa lugar, pen-
só que tampoco le ocuparia el saber capear á un
toro, que al fin saber es, y tomando lecciones de
esta *ciencia* del mayoral y los aficionados al toreo
que con frecuencia visitaban la torada, logró po-
seerla con rara perfeccion. Como viese que, gracias á ella, se habia librado más de una vez de
que un toro le hiciese cosquillas, se volvia lleno
de emocion hácia aquel campanario negro y alto
á cuya santa sombra descansaba su pobre padre,
y exclamaba:

—¡Gracias, padre, pues al amor al saber que
me infundiste debo el no haber quedado en las
astas del toro!

Tal aficion fué tomando Pepillo al toreo, que
dedicaba á él todos sus ratos de ócio, y, como su
amo se lo permitiese, no perdia una corrida de
novillos de las que se celebraban en los pueblos

cercanos de Barajas, Ajalvir, Cobeña, Algete y otros, donde hacia prodigios con su destreza táurica; pero un dia se hizo estas reflexiones:

—Mi buen padre decia que el saber no ocupa lugar, y me aconsejó en la hora de su muerte que, lejos de olvidar esta máxima, la tuviese siempre presente y me guiase por ella. ¿Me he guiado por ella hasta aquí? No hay tales carneros, porque el saber que hasta aquí he adquirido se ha limitado al toreo, y el saber no se limita á esta ciencia, que se estiende á otra infinidad de ellas. Yo quisiera ser un sábelo-todo, y donde todo se aprende es en los libros. Á ver si me proporciono por ahí unos cuantos y regocijo á mi pobre padre en el cielo, ó donde esté, haciéndome un pozo de sabiduría.

Apenas se habia hecho Pepillo estas reflexiones, acertó por casualidad á pasar el Jarama, por la barca que está al pié de Paracuellos, uno de esos libreros ambulantes que van por los pueblos vendiendo sabiduría con los libros que, cansados de estar en casa de Navamorcuende, salen á tomar un poco el aire en las calles de Madrid y luego van á veranear en las provincias. Con las propinas con que habian recompensado sus hazañas taurinas los aficionados (con perdon de ustedes) á cuernos, así cuando visitaban la torada *de casa,* como en las novilladas de los pueblos, compró media docena de libros y se dedicó en aquellos campos de. Dios (y de los toros bravos) á estudiar en ellos.

II.

Un Grande de España abandonaba con frecuencia su palacio de Madrid y se iba á Algete. ¿A que no saben Vds. á qué iba? Pues iba á sacar la tripa de mal año, porque le sucedia una cosa muy rara: no podia atravesar bocado en su casa, aunque su cocinero estudiaba con el mismísimo demonio para abrirle el apetito, y en Algete comia como un sabañon del bodrio cargado de pimenton y azafran con que se alimentaban, tumbados con él en los surcos, los trabajadores de una posesion que tenia allí.

A este Grande (que ya se conocia que lo era en su aficion á hacerse pequeño) le chocaba, siempre que pasaba por la cuesta de Iban-Ibañez, un muchacho muy enfrascado en la lectura de algun libro, sentado en aquellos vericuetos, mientras los toros pastaban en las praderas inmediatas. Un dia, en vez de continuar su camino hácia la barca, se dirigió hácia el muchacho y le llamó, deseoso de satisfacer su curiosidad.

Pepillo se apresuró á bajar de los cerros, saliendo al encuentro de aquel señor con el libro bajo el brazo y el sombrero, gorra ó lo que fuese, en la mano.

—Muchacho, le dijo el Grande, ¿qué es lo que todos los dias lees con tanta atencion en esos cerros?

—Señor, leo unos libros muy sábios, le contestó Pepillo chispeándole los ojos de admiracion y entusiasmo al hablar de los libros que leia.

—¿Y lees para entretenerte ó para instruirte?

—Para instruirme, señor.

—¡Hola! ¿Conque quisieras ser sábio?

—¡Vaya si quisiera!

—Pues para tu oficio no se necesita saber mucho.

—Señor, el saber en todos los oficios es bueno. Mi padre que esté en gloria decia que el saber no ocupa lugar, y tenia mucha razon.

—Ciertamente que la tenia. ¿Y tú piensas pasar la vida guardando toros?

—Si no hay otro remedio, me contentaré con eso, aunque tengo esperanzas de ser algo más.

—¿Y se puede saber qué esperanzas son esas?

—Sí, señor: las de ser torero.

—¿Y eso te parece ser algo más?

—¡Pues no me ha de parecer!

—Te equivocas, muchacho; ser torero nunca es ser algo más.

—¿Pues qué es?

—Siempre es ser algo ménos.

—No le entiendo á Vd., señor.

—Cuando estudies algo más, lo entenderás.

—Pues tengo ganas de estudiar para entenderlo.

—¿Conque tienes aficion al estudio?

—Mucha, señor.

—Pues si quieres estudiar, yo te costearé los estudios. ¿Qué carrera quieres seguir?

—Señor, ¿qué entiendo yo de eso? La que á usted le parezca mejor.

—¿Quieres seguir la militar?

—Esa no me hace mucha gracia.

—¿Por qué?

—Porque el militar mata.

—Estás equivocado: el militar defiende.

—Bueno; pero como Paracuellos no tiene guarnicion.....

—¿Quieres ser arquitecto?

—Como no se hacen casas en Paracuellos.....

—¿Quieres ser marino?

—Como no andan barcos en el Jarama.....

—¿Quieres ser médico?

—Como el de Paracuellos es tan jóven.....

—¿Quieres ser cura?

—Sí, señor, porque el señor cura de Paracuellos es ya viejo y cuando se muera le reemplazaré yo.

—¡Ah, ya! ¿conque tú no quieres alejarte de Paracuellos?

—Le diré á Vd., señor: si para estudiar no tengo más remedio que alejarme, me alejaré; ¿pero alejarme para siempre? Eso no, señor; más quiero arar tierra cerca de Paracuellos que arar diamantes lejos.

—Bien, hombre, no me disgusta tu modo de pensar. Un poco exagerado es, pero ya vendrá el tio Paco con la rebaja.

Algunos años despues, Pepillo ya no era Pepillo; era el Sr. D. José, cura párroco de Paracuellos, cuyo curato, vacante por defuncion del anciano que le desempeñaba, habia obtenido apenas cantó misa.

III.

El señor cura de Paracuellos casi no tenia pero. Aunque jóven, era el cura más sábio desde Madrid á Alcalá, y en punto á virtud y celo en el desempeño de su sagrado ministerio, todo lo que se diga es poco.

Haciendo prodigios de órden y economía durante sus estudios, con los ahorros de la pension de ocho mil reales ánuos que el Grande de España le habia pasado hasta que se ordenó de misa, habia ayudado á su madre, de modo que esta habia vivido perfectamente y educado á los otros chicos. Cuando D. José obtuvo el curato de su pueblo, sus hermanos no necesitaban ya de su apoyo, pues habian aprendido buenos oficios y se ganaban muy bien la vida. En cuanto á su madre, se la llevó consigo á su casita, y la buena mujer, tan curadita, tan aseada y tan guapa, reventaba de orgullo y alegría oyéndose llamar la madre del señor cura, en lugar de la tia Trifona, como la llamaban antes.

Repito que casi no tenia pero el señor cura de Paracuellos: él no tenia cosa suya si los pobres la necesitaban; él era puntualísimo en lo tocante al culto, el confesonario y la administracion de Sacramentos; él tenia la iglesia como una tacita de plata; él predicaba con tanta elocuencia, que las mujeres se le querian comer vivo y á boca llena le llamaban pico de oro; él era de alma tan pura y candorosa, que cuando un muchacho le confesaba que habia dado un pellizco á una muchacha, le preguntaba si la muchacha se habia reido ó habia llorado, y si le contestaba que se habia reido, no le echaba por el pellizco penitencia alguna; él habia conseguido á fuerza de predicar á la tabernera que la fuente del pueblo diese agua suficiente para el consumo del vecindario; él habia quitado á los señores de justicia la pícara maña

de refrescár en las sesiones de ayuntamiento con
vino, chuletas, jamon, cochifritos y otras por-
querías por el estilo; él, en fin, era un señor cura
que casi no tenia pero.

El pueblo paracuellano veia por sus ojos, porque además de todas estas buenas cualidades, tenia otra que le enamoraba, y era la aficion del
señor cura al toreo y su pericia en capear, picar
y poner un par de banderillas con el mayor salero al toro más bravo. Ya se sabia: todos los dias,
despues de cumplir con los deberes de su sagrado
ministerio, el señor D. José habia de bajar á las
praderas del Jarama á entretenerse un poquito
capeando ó poniendo un par de varas al toro de
más empuje y bravura de cuantos allí pastaban.
Y el sábado por la tarde, único dia en que se ma-
taba en Paracuellos una res vacuna para el consumo del vecindario, ya se sabia tambien: el señor D. José habia de ir al matadero á dar un pa-
sito de muleta á la res que se iba á matar.

Pues ¡no digo nada de lo que pasaba cuando en
Paracuellos habia corrida de novillos, que era con
mucha frecuencia, porque el pueblo paracuellano
era loco (con perdon de ustedes) por los cuernos!
Así que aparecia el novillo más bravo, el pueblo
paracuellano mandaba una comision al señor cura
para rogarle que saliese á la plaza é hiciese alguna
de las suyas. El señor cura, como era tan modesto,
se ponia colorado como un tomate con el rubor que

le causaban tal honra y los elogios que la comision popular prodigaba á su valor y su destreza táurica, y despues de escusarse largo rato y hacerse el chiquito, concluia siempre por acceder á las instancias del bondadoso pueblo paracuellano, y una vez en la plaza, hacia maravillas con el novillo, hundiéndose los tablados á fuerza de aplausos al señor cura, cuya destreza era tal, así en la plaza de Paracuellos como en las praderas del Jarama, que lo más, lo más que le solia suceder, era volver al tablado ó al pueblo con un siete en el pantalon por salva la parte.

Solo un inconveniente tenia la sabiduría en el toreo del señor cura de Paracuellos, y era la envidia que los pueblos inmediatos tenian á Paracuellos por el cura que poseia, y de esto resultaba cada paliza, que se llenaba de presos la cárcel del partido. Los paracuellanos estaban tan orgullosos con el mérito táurico de su señor cura, que para ellos no yalia un comino el mejor torero comparado con el señor cura de su pueblo. Iban, por ejemplo, á Algete á una corrida de novillos; un diestro aficionado ó un torero de oficio hacia una suerte maravillosa, y el pueblo entero prorumpia en vítores y aplausos; en aquel instante no faltaba un paracuellano que gritase:—«¡Eso lo hace por debajo de la pata el señor cura de Paracuellos!» Y ya tenian ustedes armada una paliza de cuatrocientos mil demonios.

Todo eran intrigas por parte de los pueblos inmediatos para quitar á los paracuellanos su señor
cura y hacerse ellos con párroco de tal sabiduría
táurica; pero sí, ¡buenas y gordas! El señor cura
de Paracuellos era tan amante de su pueblo nati-
vo, y á pesar de su increible modestia estaba tan
orgulloso con el aprecio que el pueblo paracuellano hacia de su mérito tauromáquico, que ni por
una canongía de Alcalá hubiera trocado su curato dé Paracuellos.

No faltaron intrigantes de Ajalvir y Cobeña
que le salieron con la pata de gallo de que si habia sido tolerable que cuando estudiante no abandonase su aficion al toreo y hasta se enorgulle-
ciese con los aplausos que le prodigaba el público
por un salto al trascuerno ó un capeo á la veró-
nica, tal aficion y tal orgullo eran muy feos y no
se podian tolerar en un señor cura párroco; pero
el señor cura veia venir á los de Ajalvir y Cobeña, y los echaba enhoramala diciendo para sí:

—Señor, si es máxima universalmente admitida
y sancionada que el saber no ocupa lugar, y yo sé
á maravilla el difícil arte de Romero, Pepe-Hillo
y Costillares, ¿á qué santo he de renunciar el
cultivo de este arte tan honesto en mí, que todas
las deshonestidades que me proporciona se reducen
al cabo del año á media docena de sietes en el
pantalon por salva la parte?

Un dia el Sr. D. José, como todos los párrocos

del partido, recibió una comunicacion del señor cardenal arzobispo de Toledo, en que su eminencia le anunciaba que se preparaba á la santa visita de la diócesis y de tal á cual dia iria por Paracuellos.

Recibir el Sr. D. José esta noticia y empezarle á temblar las piernas como campanillas, todo fué uno.

—Pero, señor, decia, ¿qué será esto? ¡Temblar yo al acercárseme un cardenal arzobispo, cuando nunca he temblado al acercárseme un toro bravo! Algo malo me va á pasar, aunque no sé por qué.

Y á todo esto, al señor cura seguian temblándole las pantorrillas, y como era tan candoroso y blanco de conciencia, ni por el pensamiento le pasaba que sus tristes presentimientos pudieran tener algo que ver con su aficion (con perdon de ustedes) á los cuernos.

IV.

Las campanas de Barajas se hacian astillas á fuerza de repicar.

El temblor de piernas volvió á anunciarle al señor cura de Paracuellos alguna desazon muy gorda.

—¡Ya pareció aquello! exclamó el señor cura
al sentir aquel temblor y aquel repique, y acompañado de todo el vecindario, salió al alto de junto
á la iglesia y se puso á mirar hácia Barajas, que
está enfrente, cosa de media legua, al otro lado
del rio. Al fin un grupo de gente que rodeaba un
coche apareció á la salida de Barajas, y tomó
cuesta abajo en direccion á la barca de Paracuellos.

—¡Ya viene, ya viene su minencia! gritó el
pueblo paracuellano, mientras el Sr. D. José,
temblándole más que nunca las pantorrillas, or-
denaba al sacristan que subiese á la torre y pro-
rumpiese en un repique de doscientos mil demontres.

El señor cura se fué á revestir para recibir al
prelado en el pórtico de la iglesia, y los señores
de justicia, todos arropados con capas pardas,
aunque hacia un calor que se asaban los pájaros,
y seguidos de casi todo el resto de sus feligreses,
bajaron á recibir á su eminencia al pié de la cuesta
de Paracuellos.

El señor arzobispo, así que despidió en la orilla
derecha del rio á los cabildos eclesiástico y municipal de Barajas, pasó la barca y fué recibido inmediatamente por los de Paracuellos. Venia bueno, aunque muy sofocado, porque era muy grueso
y hacia mucho calor, y acogió con mucha bena-
volencia á los señores de justicia de Paracuellos, á

quienes, por supuesto, dió á besar el anillo, así como á los demás paracuellanos.

La subida al pueblo es violentísima; y en su vista el señor arzobispo manifestó que, temeroso de que se estropease en ella el hermoso tiro de mulas de su coche, se determinaba á subirla á pié.

—No lo consentimos, minentísimo señor, le replicó el señor alcalde lleno de entusiasmo, en el que le secundaron los demás señores de justicia y el pueblo entero. Vuestra minencia subirá en coche y el pueblo paracuellano tirará de él. Yo soy el primero que voy á tener la honra de meterme en varas para ello.

Y así diciendo, el señor alcalde y los demás señores de justicia se preparaban á quitar las colleras á las mulas para ponérselas ellos, cuando el señor arzobispo se lo impidió con benévola sonrisa, diciéndoles que deseaba subir á pié y aun se proponia recorrer del mismo modo los pueblos de aquel lado del rio, porque le convenia mucho hacer ejercicio á ver si así disminuia algo su obesidad.

No tuvo más remedio el pueblo paracuellano que renunciar á aquella ovacion con que deseaba obsequiar al ilustre prelado; pero desde aquel momento los señores de justicia, interpretando fielmente los sentimientos del pueblo que tan dignamente representaban, se propusieron no dejar marchar de Paracuellos al señor cardenal arzobispo sin disponer alguna fiesta notable en su obsequio.

El señor arzobispo visitó la parroquia y quedó complacidísimo del estado en que la encontró, por lo que colmó de elogios al señor cura, que, como era tan modesto, se ruborizó mucho de los piropos que le echó su eminencia, piropos que se renovaron cuando el señor arzobispo se fué luego enterando de que el señor cura tenia el pueblo como una balsa de aceite en punto á instruccion moral y religiosa.

Mientras el señor arzobispo comia y descansaba durmiendo un poco de siesta, una agitacion inusitada se notaba en la casa de ayuntamiento y en la plaza. En la primera conferenciaban y daban órdenes los señores de justicia, y en la segunda se tapaban las boca-calles con carros y se levantaba una especie de tablado con maderos y trillos.

Los señores de justicia, presididos por el señor alcalde y de toda gala, es decir, todos encapados, aunque ardian las piedras, salieron de la casa consistorial y se dirigieron á la del señor cura, donde se hospedaba el señor cardenal arzobispo, que los recibió con su habitual benevolencia.

El señor alcalde, que no tenia nada de cobarde, particularmente cuando, como entónces sucedia, habia tirado unos cuantos buenos latigazos al morenillo de Arganda, fué quien, naturalmente, tomó la palabra diciendo:

—Minentísimo señor: el pueblo paracuellano, de quien semos dinos representantes, está namo- rao del aquel con que vuestra minencia le ha dao á besar la sortija piscopal, y su dino ayuntamien- to, discrismándose por encontrar modo y manera de osequiar á vuestra minencia, ha descutido y con- ferido lo más conviniente á amas á dos magesta- des devina y humana, y ha encontrado que naa mejor que una corria de novillos, máisime que Pa- racuellos tiene pa eso una alhaja que le envidian toos los pueblos de la reonda, porque ellos la ten- drán en lo cevil, pero en lo clesiástico como la tiene Paracuellos, no ¡voto va brios!

·Y así diciendo, el señor alcalde entusiasmado dió en el suelo con la contera de la vara con tal fuerza, que hizo ver las estrellas y soltar un ¡por via de Cristo padre! al señor procurador síndico que estaba á su lado y á quien le dejó un dedo del pie despachurrado dentro de la alpargata.

El señor cardenal arzobispo, á pesar de toda su gravedad, no pudo menos de tumbarse de risa en el sillon donde estaba repantigado escuchando la arenga.

—Veamos, señor alcalde, preguntó al fin domi- nando la risa, qué alhaja eclesiástica es la que tie- nen ustedes para amenizar las corridas de novillos.

—¡Qué alhaja ha de ser, minentísimo señor, sino nuestro señor cura, que se pasa por debajo de la pata á todos los toreros de Madril!

—¿Y quién les ha dicho á Vds. eso?

—Naide, minentísimo señor, que too el lugal lo está viendo toos los dias.

—¿Y dónde lo vé?

—Lo ve en la orilla del Jarama, en el matadero y en la plaza del lugal siempre que hay novillos.

—¿Pero el señor cura sale á lidiarlos?

—¿Que si sale? Já, já, ¡qué atrasaa de noticias está vuestra minencia! Esta tarde mesma se verá si hay en el mundo, con ser mundo, quien salte al trascuerno ó ponga un par de banderillas con tanta sal y salero como el señor cura de Paracuellos......

El señor cardenal arzobispo, que se habia ido poniendo sério y triste conforme hablaba el alcalde, interrumpió á este diciéndole:

—Bien, bien, señor alcalde, tengan Vds. la bondad de retirarse para que yo pueda pensar si debo ó no aceptar el obsequio que Vds. me ofrecen y que de todos modos agradezco mucho.

Los señores de justicia se retiraron, y el señor cardenal arzobispo llamó al señor cura, que, ocupado en sus rezos, no habia presenciado aquella singular audiencia, y que, á pesar de que de nada le remordia la conciencia, sintió que volvian á temblarle las pantorríllas.

V.

—Señor cura, siéntese Vd. aquí, á mi lado, dijo el señor cardenal arzobispo con una mezcla de bondad y severidad que alarmó un tanto al señor cura, á pesar de lo muy tranquila que este tenia siempre la conciencia.

—Gracias, eminentísimo señor.

—No hay de qué darlas, señor cura. Dígame usted: ¿es verdad, como me han asegurado, que es Vd. peritísimo en el toreo?

—Es favor que me hacen sin merecerlo, eminentísimo señor, contestó el señor cura bajando los ojos y ruborizándose por efecto de su natural modestia.

—De seguro que los que me lo han dicho no le han hecho á Vd. favor alguno, sino, por el contrario, y quizá sin querer, un gran agravio. Conque vamos, señor cura, ¿qué hay de cierto en lo que me han asegurado?

—Lo que hay de cierto, eminentísimo señor, es que no paso de un simple aficionado al toreo.

—¿Y hasta dónde lleva Vd. esa aficion?

—No pasa, eminentísimo señor, de bajar por las tardes á divertirme un rato orillas del Jarama capeando algun toro bravo, entretenerme el sábado en el matadero dando algunos pases á la res que se va á matar, poner algunos pares de banderillas cuando hay corrida de novillos en el pueblo, y si la hay de muerte trastearle y despacharle de un mete y saca recibiendo.

El señor cardenal arzobispo, cuyo rostro se habia ido encendiendo de indignacion mientras hablaba el señor cura, que lo atribuia á entusiasmo táurico de su eminencia, se levantó, exclamando con severidad:

—Basta, señor cura, que no necesito saber más para decir que Vd. es indigno de ejercer la cura de almas que le está encomendada.

—Eminentísimo señor!.. balbuceó el señor don José, temblándole, no ya las pantorrillas, sino todo el cuerpo.

—Nada me replique Vd. Toda la satisfaccion que me habia causado la conducta de Vd. como párroco, queda anulada y desvirtuada con su conducta de Vd. como aficionado al toreo, y desde hoy tengo á bien retirarle á Vd. las licencias para ejercer el ministerio sacerdotal.

—¡Perdon, eminentísimo señor! exclamó don José queriendo arrodillarse bañado en lágrimas á los piés del príncipe de la Iglesia; pero este se mostró inflexible con él, y disgustado de haber tenido que reconvenir y castigar allí donde habia creido tener solo que elogiar y premiar, determinó pasar inmediatamente á Ajalvir en vez de pernoctar en Paracuellos, como habia pensado.

Pronto se divulgó por el pueblo la triste noticia de que el señor cardenal arzobispo habia retirado al señor cura las licencias de celebrar misa y confesar, por su aficion al toreo, y que su eminencia abandonaba aquella tarde á Paracuellos.

Todo el pueblo se llenó de pena, y no se oian más que lloriqueos en las casas y en las calles.

—¡Y yo, exclamaba el señor alcalde desesperado, y yo que he sido quien sin querer ha *dilatao* al señor cura!!...

Inútil fué que el ayuntamiento y comisiones de las clases más respetables del pueblo paracuellano se presentasen al señor cardenal arzobispo en súplica de que dejase sin efecto la retirada de licencias eclesiásticas al señor cura: el señor cardenal arzobispo continuó inflexible, contestando que por más que lo sintiese, era en él deber de conciencia el no consentir que un sacerdote degradase y ridiculizase su sagrado ministerio con aficiones y ejercicios tan contrarios y opuestos á su augusta gravedad como el ejercicio del toreo.

Su eminencia partió en efecto de Paracuellos aquella misma tarde, y el pueblo paracuellano en masa quedó firmemente dispuesto á mover cielo y tierra para vencer el rigor del señor cardenal arzobispo.

En cuanto al señor cura y su desconsolada señora madre, ni aun tuvieron valor para salir á

despedir á su eminencia, tomando parte en el coro
de llanto y súplicas con que salió á despedirle todo
el pueblo: ámbos quedaron en casa llorando y pidiendo al milagroso Santo Cristo de la Oliva (muy
venerado de todos aquellos pueblos á pesar de ser
de Cobeña) que ablandase el corazon del señor
cardenal arzobispo.

VI.

El señor cardenal arzobispo habia pernoctado
en Algete despues de visitar los pueblos de toda
aquella banda izquierda del Jarama, y se disponia
á volver á Madrid para descansar algunos dias y
continuar la visita por su dilatada diócesis:

Inútiles habian sido todos los empeños y súplicas con que en nombre del pueblo paracuellano,
le habian importunado las personas más respetables de aquella comarca para que devolviese las
licencias eclesiásticas al señor cura de Paracuellos, que aparte de su pícara aficion al toreo, era,
segun le decian todos, un sacerdote ejemplar: el
señor cardenal arzobispo habia continuado inflexible, contestándoles con un *dixi*.

El señor cura de Paracuellos y su señora madre, poniendo ya solo en Dios su esperanza, se di-

rigieron á Cobeña antes de salir el sol, sin más objeto que oir una misa en el altar del Santo Cristo de la Oliva, y pedir á este milagroso Señor que el señor cardenal arzobispo de Toledo perdonase al sacerdote castigado y ya profundamente arrepentido de sus faltas.

Cuando ya habian oido la misa y orado larga y entrañablemente y se disponian á volver á Paracuellos, oyeron repicar las campanas de Cobeña: era que el señor cardenal arzobispo, de regreso de Algete, que dista de allí media legua, entraba en la villa de paso para Madrid.

Creyendo la anciana y su hijo que por permision de Dios tropezaban allí con el primado de las Españas y debian aprovechar aquella ocasion para dirigirle personalmente sus súplicas, le salierón al encuentro junto á la fuente que está á la entrada del pueblo, y se arrodillaron á sus pies anegados en lágrimas.

El señor cardenal arzobispo les dió á besar el anillo y los levantó amorosamente no ménos conmovido que ellos, pero, haciendo un penoso esfuerzo sobre su voluntad de hombre para no someter á ella su voluntad de prelado, volvió á negar al pobre señor cura la gracia que este le pedia, y atravesando la poblacion, sin detenerse apenas en ella, siguió á pie hácia la barca de Paracuellos.

El cura y su anciana madre le siguieron tristemente, la anciana ocultando á su hijo las lágrimas con el rebozo de su mantilla de franela, y el cura ocultando á su madre las suyas con el embozo de su capa.

El señor cardenal arzobispo y su comitiva tomaron la cuesta de Iban-Ibañez, que termina en las praderas del Jarama, por entre las cuales y el cerro de Paracuelos hay que caminar un buen rato para llegar á la barca donde esperaba al cardenal arzobispo el coche.

El señor cura y su señora madre estuvieron á punto de dirigirse al pueblo por los cerros en vez de bajar á las praderas; pero yo no sé qué corazonada le dió al señor cura, que dijo á su madre:

—Madre, vámonos por abajo.

En el momento en que el cardenal arzobispo y su acompañamiento ponian el pié en la pradera, un toro de una torada que pacia mucho más arriba á la orilla del rio, y que no habia quitado ojo del señor cardenal desde que este asomó por lo alto de la cuesta con su traje encarnado, partió como una centella praderas abajo, sin que bastaran á detenerle los esfuerzos que para ello hacian los vaqueros.

El señor cardenal y su acompañamiento, viendo que el toro se les venia encima como una furia infernal, apretaron el paso llenos de espanto; pero el toro avanzaba en un segundo más que ellos en un minuto. Viéndole ya encima, los de la comitiva, llenos de terror, treparon á los cerros; pero el señor cardenal, como era tan grueso, resbaló y rodó al suelo apenas lo intentó y no tuvo más reme-dio que seguir pradera abajo pidiendo, espantado, socorro, primero á los hombres y despues á Dios.

Ya sentia á su espalda las pisadas y los furio-sos resoplidos de la fiera, y encomendaba su alma á Dios creyendo llegado el momento de entregár-sela, cuando de repente le pareció que los pasos y los resoplidos del toro se desviaban algo de él, y entonces volvió la vista y lanzó un grito de espe-ranza y agradecimiento.

Era que el señor cura de Paracuellos, al ver al señor cardenal arzobispo en aquel terrible trance, se habia lanzado á la pradera por un atajo de los que él conocia perfectamente, y saliendo al en-cuentro del toro en el momento en que este casi tocaba con sus terribles astas al cardenal, le ha-bia tendido la capa, y con admirables quiebros y capeos le desviaba del blanco (ó mejor dicho en-carnado) de sus iras, y daba tiempo á que llega-ran los vaqueros armados de fuertes picas, como en efecto llegaron é hicieron á la fiera tornar pra-deras arriba á reunirse con la torada.

El señor cardenal arzobispo, llorando de alegría y agradecimiento, abrió sus brazos á su salvador y le estrechó en ellos, exclamando:

—Señor cura, este peligro en que me he visto, y esta salvacion que á Vd. debo, son un milagro con que Dios ha querido castigar mi escesiva severidad para con Vd., y mostrarme cuán digno es Vd. de mi indulgencia. Como hombre le daré á usted cuanto me pida, y como arzobispo de Toledo le devuelvo inmediatamente las licencias eclesiásticas que le habia recogido.

—¡Gracias, eminentísimo señor! exclamó el señor cura arrodillándose anegado en lágrimas de gratitud y consuelo á los pies del arzobispo, que se apresuró á alzarle, diciéndole:

—No me dé Vd. gracias, señor cura, deme usted únicamente palabra de que no volverá nunca á degradar el manto del sacerdote tendiéndole á los piés de una fiera irracional.

—Eminentísimo señor, contestó el señor cura con toda la efusion de su alma, yo prometo á vuestra eminencia por mi fé de sacerdote y mi honra de hombre, que sacrificaré mi vida, si es necesario, al cumplimiento de esta promesa solemne que á vuestra eminencia hago.

Poco despues el señor cura de Paracuellos y su señora madre subian la cuesta de la barca y otro poco despues, cuando el señor cardenal arzobispo se alejaba camino de Barajas, las campanas de Paracuellos se hacian astillas á fuerza de repicar, y el pueblo paracuellano, congregado en el alto de junto á la iglesia, se volvia ronco á fuerza de dar vivas al señor cardenal arzobispo de Toledo y al señor cura de Paracuellos.

VII.

Habian pasado ya muchos años. La señora madre del cura de Paracuellos, que lo era aún el Sr. D. José, dormia ya en el camposanto á donde habia ido á parar amada y bendecida del buen pueblo paracuellano, despues de haber pasado la vejez más dichosa que mujer habia pasado en Paracuellos.

El Sr. D. José, que no era aún viejo, estaba hermosote y sano. Una tarde le dijeron que en la casilla de un melonar de la ribera del Jarama habia caido gravemente. enferma una pobre anciana, y se fué á verla, porque es de saber que los ócios que en otro tiempo dedicaba al toreo, los dedicaba desde lo de marras al estudio de la medicina casera, persuadido ya de que si bien es cierto que el saber no ocupa lugar, este saber ha de ser el verdaderamente útil y no el nocivo ó cuando ménos fútil, como el táurico, que es nocivo ó fútil casi siempre, y si es útil alguna vez (como se lo fué á él una), es porque todas las reglas tienen escepcion y no conviene que el hombre se rompa la cabeza adquiriendo saber cuya utilidad solo se funde en la escepcion.

Volvia el Sr. D. José de visitar á la pobre enferma, á la que habia dejado muy consolada con unas medicinas caseras, unos reales y unos consejos, cuando al atravesar las praderas se vió de repente acometido de un furioso toro que estaba escondido y como en acecho detrás de un zarzal.

Corrió, corrió el Sr. D. José perseguido por el toro, y cuando este se le echaba encima, llevó la mano á aquel mismo manteo con que con la mayor fácilidad habia salvado al señor cardenal arzobispo de Toledo; pero como si el manteo hubiese quemado su mano, le soltó, y un minuto despues el pobre Sr. D. José estaba tendido en la pradera con el manteo en los hombros y el pecho abierto de una cornada.

Esta es la historia del señor cura de Paracuellos, cuya canonizacion no ha solicitado ya el pueblo paracuellano temeroso de que là gente aficionada (con perdon de Vds.) á cuernos, salga luego con la pampringada de que tambien ha habido un torero santo.

FIN DEL CURA DE PARACUELLOS.

EL MODO DE DAR LIMOSNA

I.

Una tarde íbamos en la diligencia de Bilbao á Durango un señor cura, un aldeano y yo. El señor cura era lo que se llama un bendito, porque con el candor y el buen corazon suplia lo mucho que le faltaba de talento y perspicacia. El aldeano era más hablador que el mús y más agudo que lengua de envidioso. Y yo era un curioso observador que, aunque parezca que mira al plato, mira á las tajadas, es decir, que cuando parece que solo piensa en los cuentos y anécdotas populares que escucha, piensa en la filosofía que aquellos cuentos y anécdotas encierran.

Como Vizcaya no tiene más que diez y seis ó diez y siete leguas de largo y once ó doce de ancho, y la poblacion apenas se interrumpe y está toda ella cruzada de carreteras y casi todos los vizcainos nos reunimos con frecuencia en los mercados de las villas, y en las romerías, y en las férias, y en las juntas generales de Guernica, donde hace más de mil años nos gobernábamos libremente y sin ocurrírsenos si éramos liberales ó dejábamos de serlo, todos nos conocemos, y por donde quiera que vayamos vamos entre amigos, ó cuando ménos entre conocidos. Así era que el señor cura, el aldeano y yo íbamos conversando como amigos, á lo que contribuia tambien la rarísima circunstancia de ir solos en la diligencia, que casi siempre va atestada de gente.

Siempre que la diligencia se detenia ó acortaba el paso al emprender una cuesta, se subia al estribo algun mendigo á pedirnos limosna, porque si los vascongados rarísima vez mendigan ni en su tierra ni en la agena, en cambio las Provincias Vascongadas son la tierra de promision para los de otras más infortunadas.

El aldeano y yo dábamos limosna á todos los pobres; pero el señor cura, despues de llevarse la mano al bolsillo del chaleco, la retiraba como arrepentido de su buena intencion, y era el único que no daba limosna.

Estrañábamos mucho esto, porque sabiamos que en su aldea no habia necesitado que no le encontrara dispuesto á socorrerle, y el aldeano empezó á echarle en cara aquel proceder con indirectas del padre Nuño, que á la mano cerrada llamaba puño.

El señor cura no se daba por entendido de estas indirectas, que seguramente eran demasiado sutiles para que pudiera pescarlas su inteligencia, y entonces el ladino aldeano se quitó de rodeos y fué derecho al bulto.

—Señor cura, ¿sabe Vd. lo que le digo?

—¿Qué?

—Que de nosotros tres, Vd. es el único que falta á alguna obra de misericordia, siendo precisamente el más obligado á practicarlas.

—¿Y á qué obra de misericordia falto yo?

—A la que manda socorrer al necesitado. Supongo que cuando un pobre le pide á Vd. limosna, y despues de llevarse la mano al bolsillo, se arrepiente y la retira vacía, no estará Vd. pensando en lo que D. Antonio y yo pensamos.

—¿En qué piensan Vds.?

—En que la mujer y los hijos comen como sabañones.

—Claro está que no pienso en eso.

—Pues entonces, ¿en qué piensa Vd.?

—Hombre, pienso en que si es muy santo dar limosna á los necesitados, es gran cargo de conciencia darla á los viciosos. Casi todos esos vagabundos que piden limosna son unos viciosos y holgazanes, que por serlo viven así.

—Todos no lo serán.

—No he dicho que lo sean todos, sino *casi* todos.

4

—Pues no hemos visto que haya dado Vd. limosna á ninguno.

—Cierto, y harta pena me da el pensar que para no favorecer á viciosos, tengo que dejar de socorrer á necesitados; pero ¿cómo se las ha de componer uno para evitar este inconveniente?

—¿Cómo? Yo se lo diré á Vd.: imitando, en busca del bien, lo que Herodes hizo en busca del mal.

—No le entiendo á Vd.

—Lo creo, señor cura, pero yo buscaré modo de que Vd. me entienda.

—¿Y cómo?

—Contándole á Vd. un cuento.

—Pues venga, y así mataremos el tiempo.

—Y aprenderemos, añadí yo; que los cuentos siempre enseñan algo cuando el que los cuenta no es tonto, cosa que no es de temer del señor.

El aldeano, que hacia rato preparaba la pipa, la encendió con la maestría que en pocos años han adquirido los campesinos en servirse de las cerillas fosfóricas (por aquí no se gastan fósforos de carton ni yesca), aunque el viento sople como un demonio, y chupa que chupa nos contó lo siguiente:

II.

«Hay en Abadiano un tal Chómin que ha hecho una fortuna bárbara con su devocion á una
porcion de santos y santas.

De recien casado no tenia más bienes que su
mujer y una perra; pero le ocurrió echarse por
protectores perpétuos á San Isidro, patron de los
labradores; á San Antonio Abad, abogado de los
animales; á San Roque, enemigo de la peste; á
San Cosme y San Damian, médicos celestiales; á
Santa Lucía, protectora de la vista; á Santa Bárbara, enemiga de rayos y centellas, y otro sin
fin de santos y santas, á quien obsequiaba todas
las noches con su correspondiente Padre nuestro
y Ave-María á cada uno, y lo cierto fué que encontró en ellos una mina, porque desde entonces
empezó á prosperar, y prosperar fué que á la
vuelta de pocos años se hizo con la mejor casa y
hacienda de la barriada de Gaztélua.

En casa de Chómin no se ha conocido siquiera
un dolor de cabeza; el trigo que generalmente da
en Vizcaya diez y seis fanegas por cada una de
semilla, le da á Chómin de veinte á venticuatro;
el maiz, que á casi todos les da treinta por una,

á Chómin le da cuarenta, jamás se le ha desgraciado á Chómin una res; aunque tiene muchas, y cuando la tempestad se forma en las alturas de Gorbea y Amboto y baja echando centellas hácia Abadiano, tiene siempre buen cuidado de dar un rodeito para no pasar por encima de la casería y las heredades de Chómin.

Chómin tenia un criado que se llamaba Péru, á quien habia prometido casar con su hija Mari-Pepa, de quien Péru estaba enamorado, y en verdad que no sin motivo, porque la chica era de lo mejor que se presentaba los domingos en el baile de la plaza de Abadiano.

Péru era trabajador y honrado como el primero; pero era muy corto de memoria, y por consecuencia, de entendimiento; como que se contaba de él, entre otras cosas no ménos *chirenes* (1), que habiéndole dicho su amo, un dia que Péru subia á San Antonio de Urquiola, que diera un beso de su parte á *Aitá San Antonio* (2), en lugar de dar el beso á San Antonio Abad, se le dió al cerdo que acompaña al santo. Pero á pesar de esto, si él estaba enamorado de Mari-Pepa, aun más lo estaba Mari-Pepa de él, porque ya se sabe lo que son las mujeres: por pobre, por feo ó por malo, podrán no

(1) Singulares.

(2) El padre San Antonio.

querer á un hombre; pero por falta de talento, no dejan nunca de quererle.

Una noche, víspera de Santiago, despues de rezar toda la familia bajo la direccion de Chómin el Santo Rosario y otro Rosario de Padre nuestros y Ave-Marías por los santos y santas protectores de la casa, Chómin dijo á Péru:

—Oye, Péru, mañana empieza la féria de Basurto y pienso ir por allá á ver si compro un par de novillos para irlos criando y domando á fin de que cuando tú y Mari-Pepa os caseis, lleveis una buena pareja, porque ya es cosa de ir pensando en acomodaros.

Péru y Mari-Pepa al oir esto se pusieron rojos como las cerezas de Moñária y se miraron chispeándoles de alegría los ojos, como diciéndose mútuamente:—¡Ay, qué ganillas tengo de pescarte!

Chómin continuó:

—Me estaré por allá lo ménos un par de dias, porque mientras no encuentre un par de novillos que prometan ser la gala del Duranguesado, no vuelvo. Es menester, Péru, que entretanto hagas tú mis veces todas las noches dirigiendo el Rosario y cuidando muchísimo de rezar su correspondiente Padre nuestro y Ave-María á cada uno de los santos y santas que nos protegen.

—Pierda Vd. cuidado, contestó Péru, que maldita la falta hará Vd. á ninguno de esos santos.

—Así lo espero, Péru; pero te repito que ten—

gas muchísimo cuidado de que ningun santo ni santa se te escape sin su correspondiente Padre nuestro y Ave-María, porque ya ves, Péru, lo mucho
que les debemos. Mi mujer y yo no teniamos más
que un trapo delante y otro detrás cuando nos los
echamos de protectores, y hoy.....¡Flojo puchere-
te de onzas de oro, más relucientes que el sol, saldrá
de entre la basura de la cuadra el dia que Mari-
Pepa y tú os caseis! Figúrate tú que se te escapa,
por ejemplo, Santa Bárbara sin su correspondiente Padre nuestro y Ave-María y estalla una tempestad..... ¡Jesús, solo de pensarlo, como dijo el
otro, las *tiemblas me piernan!* Vamos á ver, Péru,
si te sabes *de cabeza* todos los santos y santas á
quienes has de rezar todas las noches su correspondiente Padre nuestro y Ave-María.

Péru recitó el nombre de todos los santos y santas protectores de la familia bastante á satisfaccion de Chómin, y este acabó de encarecerle la
fidelidad en el cumplimiento de su encargo, ame-
nazándole con que no seria yerno suyo si dejaba
escapar algun santo ó santa sin su correspondiente Padre nuestro y Ave-María, lo cual habia de
conocer él desgraciadamente en el contratiempo
que no dejaria de sobrevenir por tal descuido á la
familia, á la casa, á las heredades ó al ganado.

La mañana siguiente, así que oyó misa primera en San Torcuato de Abadiano, tomó Chómin
el camino de la féria, seguro ya de que Péru no

habia de dejar escapar á ningun santo ni santa sin su correspondiente Padre nuestro y Ave-María.

Tan á pecho tomó Péru el encargo y sobré todo la amenaza, que se pasó toda la noche y la mañana siguiente cavila que cavila á fin de encontrar medio seguro de que no se le escapase ningun santo ni santa sin su correspondiente Padre nuestro y Ave-María; pero no daba con aquel medio por más que se calentaba los cascos. Y el asunto era para cavilar, porque, lo que Péru decia: «Yo me sé como un papagayo los nombres de todos esos santos y santas; pero como son veinticinco y la madre, ¿cómo evito yo que se me escape alguno sin su correspondiente Padre nuestro y Ave-María y se lleve la trampa mi casamiento con Mari-Pepa? ¡Cuidado que seria gaita que tal cosa sucediese, porque lo que es compañera como Mari-Pepa, no la encuentro yo á tres tirones, y luego Chómin no nos echa de casa sin un buen arreo, una buena pareja de bueyes y quinientos ducados de dote!

A la caida de la tarde, todo Dios bailaba al son del tamboril ó del albogue en la plaza de Abadiano, menos Péru y Mari-Pepa. Péru estaba sentado, cavila que cavila, en aquellos derrumbaderos, antes enmarañados de zarzas y árgomas, que dan sobre la plaza y que Miota ha convertido en hermosos y fértiles viñedos donde Vd., D. Antonio, suele ser pájaro que picotea las uvas más doradas.

Y Mari-Pepa estaba en la plaza sentada junto á la fuente sin querer bailar con nadie y llena de tristeza por las cavilaciones de Péru, de quien estaba enamorada como una tonta.

De repente lanzó Péru un grito de alegría, y, bajando á escape á la plaza, sacó á Mari-Pepa al corro y bailó con ella el *árin-árin* más loco que se ha bailado desde Zornoza á Elórrio y desde Ochandiano á Mallábia, donde se bailan de padre y muy señor mio.

Era que ya habia dado con un medio infalible de que no se le escapase santo ni santa de la córte celestial sin su correspondiente Padre nuestro y Ave-María.»

—¿Y qué medio era ese? preguntamos llenos de curiosidad el señor cura y yo.

—Uno muy sencillo, contestó el narrador. Así que Péru rezó el Rosario acompañado de la familia, pasó á rezar el correspondiente Padre nuestro y Ave-María á cada santo y santa de los que Chómin se habia echado por abogados, y en seguida, por si acaso se le habia escapado alguno, rezó..... ¿á quién se figuran Vds. que rezó?

—¡Vaya Vd. á saber á quién!

—Pues rezó á todos los santos y santas de la córte celestial y siete leguas á la redonda, por si acaso habia salido alguno de paseo.

El señor cura soltó una carcajada al oir esto, no tanto porque le hiciese gracia el cuento como

de alegría y satisfaccion porque habia compren-
dido la leccion del aldeano, reducida á esto: el
medio infalible de no privar de limosna á ningun
mendigo verdaderamente necesitado, consiste
sencillamente en dársela á todos los que la piden.

Esta moraleja es buena, pero todavía pudiera
ser mejor dándole mayor amplitud, porque en el
cuento hay tela para eso y mucho más. Vaya de
ejemplo: el medio infalible de ser uno cortés, ca-
ritativo, generoso y justo con todos los que lo
merecen, consiste sencillamente en serlo con *todos*.

Dos ó tres pobres nos pidieron limosna al
apearnos de la diligencia en Durango, y el primero que se la dió fue el señor cura. Como viése-
mos que este permanecia al pie de la diligencia
con los dedos índice y pulgar de la mano derecha
en el bolsillo del chaleco, le preguntamos:

—Señor cura, ¿á quién espera Vd.?

—Espero, nos contestó sonriendo plácidamen-
te, á todos los pobres de Durango y siete.leguas
á la redonda por si acaso ha salido alguno de
paseo.

FIN DEL MODO DE DAR LIMOSNA.

LA PALIZA

I.

¿Recuerdas, querido Eduardo, cuánto nos moñian pidiéndonos que les contásemos cuentos tu hija y la mia el invierno pasado cuando se reunian en tu casa á jugar y diablear? Yo no he podido ménos de recordarlo al recibir una carta tuya en que, con el imperio que te dá nuestro cariño, me mandas que te cuente un cuento. ¡Hola! ¿Conque gustas de cuentos, como tu María y mi Ascension? No lo estraño, porque, á pesar de tu grave y viril inteligencia, tienes el corazon de un niño.

Allá te vá un cuento, y no me atrevo á decir el cuento que me pides, porque supongo que el que me pides es bueno y el que te envio es malo.

Hay en las Encartaciones de Vizcaya un hermoso valle que tú y yo queremos y debemos querer porque hay en él quien todos los dias se·

acuerda de nosotros. ¿Te acuerdas de aquella
iglesia que se alza al estremo septentrional del
valle en un bosque de castaños, robles y nogales?
¿Te acuerdas de aquella casería que blanquea en
un bosquecillo de frutales en una colina que domina á la iglesia? ¿Te acuerdas, en fin, de aquella angosta y profunda garganta por donde, á
la sombra de los robledales y los castañares,
desaparece, dirigiéndose al mar cercano, el rio
que fertiliza las verdes heredades del valle? Pues
si te acuerdas de todo esto, tenlo presente mientras lees esta narracion, que en el pórtico de
aquella iglesia, en aquella colina y en aquella
garganta pasó lo que te voy á contar, segun las
buenas gentes del valle aseguran.

II.

En un libro que anda por esos mundos con el
nombre, no muy original, pero sí un tanto apro-
piado, de *Cuentos de varios colores*, he dado noticias circunstanciadas de un pobre molinero que
con el sobrenombre de Senéca adquirió cierta celebridad en las Encartaciones á fines del siglo pasado. Senéca no era ciertamente ningun Séneca,
ni sus contemporáneos le tenian por tal, como lo

prueba el cuidado que tuvieron de plantarle el acento en la segunda sílaba de su apodo y no en la primera; pero tenia alguna afinidad intelectual con el filósofo cordobés, como lo hace sospechar la afinidad eufónica que hay entre Séneca y Senéca.

Senéca vivia en un molino cuyas ruinas se ven aún en la garganta por donde corre al mar el rio que fertiliza el valle donde hay quien todos los dias se acuerda de nosotros.

En la colina de la casa blanca á cuyo pie, como sabes, empieza la garganta donde estaba el molino de Senéca, vivia un pobre hombre á quien llamaban Angelote, no tanto porque le habian puesto el nombre de Angel en la pila bautismal, como porque era estremadamente candoroso y bonachon.

Todos los dias festivos, así que oian el primer toque de misa, salian, Angelote de su casería y Senéca de su molino, con la chaqueta al hombro, la pipa en la boca y el palo de acebo en la mano, y tomaban, el primero colina abajo y el segundo rio arriba, el camino de la iglesia. Reuníanse en el castañar que estaba al pie de la colina, y allí entablaban diálogos del tenor siguiente:

—Hola, Senéca.

—Hola, Angelote.

—Tú tendrás buen tabaco, ¿eh?

—Fuerte como Brasil.

—Pues dáme una pipada, que el mio parece paja.

—Allá van aunque sean dos.

Y Senéca alargaba á Angelote ó Angelote á Senéca una bolsa de piel de perro arrollada y rodeada con una correa á cuyo estremo habia un punzoncillo de hueso, y preparadas y encendidas las pipas, continuaban castañar arriba tirando tan fuertes chupadas, que el humo de las pipas salia por entre el ramaje como si en el castañar hubiese alguna *oya*, ó, lo que es lo mismo, algun monton de leña carbonizándose.

III.

Una mañana, segun costumbre, se reunieron Senéca y Angelote en el castañar poco despues de sonar el primer toque de misa. La mañana, aunque de invierno, era hermosa, pues el cielo estaba *rámpio*, como allí dicen, el sol brillaba en todo su esplendor, y la temperatura era suave, cosa muy comun en Vizcaya y particularmente en la costa, donde apenas se conoce el frio ni el calor. Sin embargo, Angelote traia la cara desabrida y triste y la pipa no humeaba en su boca.

Estrañó Senéca esta última circunstancia, y

apenas se saludaron le alargó su bolsa del tabaco para que echase una pipada.

—Soliman de lo fino es lo que yo fumaria para reventar, dijo Angelote rechazando la bolsa.

—¿Pues qué es lo que te pasa? le preguntó Senéca.

—Que este año, como el pasado, tendré que hacer la layada solo, á pesar de que tengo una mujer y unos hijos más fuertes que el Fuerte de Ocháran. (1)

—Pues óyeme atento, que te tiene cuenta el oirme, dijo Senéca. Compré yo una burra en la féria de la Arceniaga.....

.—Déjame de burras, que bastante burro soy yo, segun las cargas que soporto, le interrumpió Angelote, mal humorado, creyendo que en lugar de darle algun consejo que le consolase é iluminase, variaba de conversacion; pero Senéca continuó como si no se le hubiese interrumpido:

—El anímal era hermoso, y enamorado yo de él, le compré el aparejo más rumboso que encontré en la féria, le puse á doble pienso para que engordara y juré no darle un palo para que no se le estropeara el pelaje. La burra estaba que era cosa de bendecir á Dios al verla; pero no tardé en conocer que ni mis *veceras* ni yo habiamos ganado con

---

(1) El Fuerte de Ocháran era un Hércules encartado cuyas singulares hazañas he referido en los *Capitulos de un libro.*

la compra de tan hermoso animal, porque todo lo
que tenia la burra de gorda y lucida, tenia de
floja; tanto que en echándole encima un *zurron*
de fanega, se le blandeaban las piernas, y en dos ó
tres dias no habia que contar para nada con
ella.—¡Malo va esto! dije yo un dia en que me ví
obligado á reemplazar á la burra cargando con
los zurrones que esperaban con impaciencia las
veceras; malo va esto si no le pongo remedio, y
ello necesito ponérsele, que si no se dirá còn razon que soy más burro que la burra. Cavilé un
poco aquella noche, y el resultado de mis cavilaciones fué que debia acortar la racion á la burra
y ayudarla á subir las cuestas con una buena vara
de avellano.

—¡Sí, bastante adelantarias con eso!

—¿Que no adelanté? La burra, que cuando estaba como una pelota no podia con una fanega de
cevera, hoy, que está como una pescada, puede
con dos. Conque aplica el cuento, Angelote.

—No hay aplicacion que valga. ¡Qué tienen
que ver los burros con las personas!

—No hay persona que no tenga algo de burro.

—¿En el cuerpo ó en el entendimiento?

—En el entendimiento ó en el cuerpo.

—Maldito si te entiendo.

—Prueba de que no es en el cuerpo donde tú
lo tienes.

En esta conversacion llegaron Senéca y Angelote al pórtico de la iglesia, donde ya estaban reunidos muchos de sus convecinos. Poco despues sonó él último toque y entraron todos á misa.

Mientras esta se celebraba, una pasiega, tendera ambulante, llegó al pórtico y estendió sobre un poyo sus mercancías, que consistian en pañuelos, percales, cintas y juguetes de niños.

Al salir las gentes de misa, muchas mujeres y algunos hombres, entre ellos Angelote, rodearon á la pasiega, unos solo para ver y otros para comprar.

—Vamos, ¿no me compra un pañuelo de estos para la mujer, que como es tan guapetona estará con él que se le caerá á Vd. la baba? preguntó á Angelote la pasiega estendiendo delante de él un pañuelo de muchos ringorrangos y colorines.

No necesitaba Angelote que su mujer se pusiera aquel pañuelo para que se le cayese la baba, que ya se le caia solo con haber dicho la pasiega delante de tanta gente que su mujer era guapetona.

Que si me le dás en tanto, que si te le doy en cuánto, Angelote compró al fin para su mujer el pañuelo que la pasiega le ofrecia; y no contento con esto, compró tambien sendas pelotas para sus hijos.

—¿Qué te parece este pañuelo que he comprado para mi mujer? preguntó á Senéca.

—Me parece, le contestó este, el aparejo que yo compré en la féria para mi burra.

5

IV.

El pobre Angelote era verdaderamente pobre, porque mientras él echaba el cuajo trabajando solo en las heredades que rodeaban la casa blanca, sus hijos, que ya eran bastante talluditos para manejar un par de layas entre su padre y su madre, bajaban á jugar á la pelota y los bolos en torno de la iglesia, y su mujer, tan fresca como una lechuga, andaba de mercado en mercado y de romería en romería.

Senéca, que era el mismo demonio para observar y satirizar, observó cuatro domingos seguidos al ir á misa que á Angelote se le reian los calzones por la parte más séria, y observando el quinto domingo que á pesar de ser negros habian sido cosidos con hilo blanco, teniendo además puntada de mortaja de suegra, se puso á cantar con una sonrisa que frió la sangre á Angelote:

Tengo que tengo
la camisa cosida
con hilo negro.

Angelote, que si en sus accesos de melancolía renegaba de su mujer, la queria lo bastante para

sacar la cara por ella en los demás casos, preguntó á Senéca algo incomodado:

—¿Y á qué santo viene ahora ese cantar?

—¿Y á qué viene el hilo blanco en la tela negra? le preguntó á su vez Senéca.

—Yo te diré.....

—No, quien puede decírmelo es tu mujer.

—Pues estás equivocado, que he sido yo y no
mi mujer quien ha cosido esto.

Senéca no tuvo valor para seguir chungándose
con un hombre tan desgraciado que teniendo
mujer necesitaba coserse por sí mismo los calzones, y en el fondo de su corazon formó en aquel
instante el propósito de hacer cuanto estuviera á
su alcance para corregir el desgobierno de que
era víctima su amigo y convecino.

Pocos dias despues subia Senéca la cuesta de
la casa blanca arreando varazos á su burra car-
gada de zurrones, entre ellos el de casa de Angelote.

Angelote estaba trabajando como un negro en
una heredad rodeada de manzanos, mientras su
mujer se peinaba con mil primores sentadita al
sol á la puerta de la casa y los muchachos juga-
ban á los bolos bajo los nogales del campo inmediato.

—Deja ahí el zurron, que aquel le subirá
cuando venga á comer, dijo la del peinado sin
moverse de su asiento.

Senéca dejó, en efecto, el zurron á la puerta y se entró á la heredad donde trabajaba Angelote para echar una pipada y un párrafo en compañía de su amigo.

En la *hondera* de la heredad habia cuatro ó seis manzanos cuya estraordinaria lozanía llamó la atencion de Senéca.

—¿Sabes, dijo este á Angelote, que esos manzanos son soberbios?

—Pues á pesar de eso, milagro será que no me caliente con ellos las piernas el invierno que viene.

—¡Qué disparate, hombre!

—No hay disparate que valga.

—¿Cómo que no, si esos manzanos son verdaderas alhajas?

—Alhajas de similor. Ahí donde los ves tan lozanos y corpulentos, no llevan una manzana, al paso que esos otros de la *cabecera*, á pesar de ser tan ruines, no hay año que no se les rompan las *quimas* con el peso de la fruta.

Senéca varió de conversacion, y mientras echaba la pipada en compañía de su amigo, observó con profunda pena que los calzones de este soltaban la carcajada por todas partes.

—Oye, Angelote, preguntó al labrador, ¿tienes un par de pértigas buenas?

—¡Vaya si las tengo!

—Pues vé por ellas.

—¿Para qué?

—Tráelas, hombre, que luego lo sabrás.

Angelote se fué y volvió un instante despues cargado con dos grandes pértigas de *char* ó apalear castañas y nueces. Su mujer y sus hijos venian tras él atraidos por la curiosidad, mientras el cerdo, aprovechando le soledad en que habia quedado el zurron, abria brecha en él con el hocico y se daba un buen atracon de harina.

—Vamos, aquí tienes las pértigas.

—Cojamos cada uno una y demos una buena paliza á estos manzanos.

—¿Para qué?

—Para que no sean holgazanes.

—¡Já, já! ¡Qué cosas tiene este Senéca! exclamaron en coro Angelote, su mujer y sus hijos.

Senéca cogió una pértiga y empezó á apalear los manzanos, y Angelote le imitó por seguir la broma y porque comprendió que el socarron del molinero se proponia echar en cara indirectamente á su mujer y sus hijos cuán merecedores eran, por su holgazanería, de una buena paliza.

Palo vá, palo viene, las ramas de los manzanos caian tronchadas, y en breve rato aquellos árboles, tan lozanos y bravíos un momento ántes, quedaron medio desmochados, cosa que no lastimaba mucho á Angelote, pues estaba resuelto á cortarlos por el pie en vista de que no producian más que hojarasca.

—Desengáñate, que las palizas solo aprovechan á los burros.

—(¡No te vendria á tí mal una buena!) murmuró Senéca por lo bajo, y se alejó de la casa blanca.

V,

Sabido es que la escesiva lozanía de las plantas aminora la cantidad y la buena calidad del fruto. En esta creencia se funda la costumbre que hay en la costa cantábrica de cargar de piedras los naranjos y los limoneros cuando son escesivamente lozanos. Como yo viese á un labrador de Bermeo usar de este procedimiento con los naranjos de su huerta y le dijese que dudaba de su eficacia, me contestó:—Si Dios le dá á usted hijos y no muda de opinion, me temo que sus hijos no le van á dar á Vd. fruto alguno ó se le van á dar muy insípido ó muy amargo. Me ha dado Dios hijos y he mudado de opinion; pero como no hay pértigas en mi casa, dejo á la voluntad de Dios la calidad del fruto que den mis hijos.

Cuando Senéca y Angelote apalearon los man—

zanos de la casa blanca, se acercaba la primavera.

Algunas semanas despues tuvo Angelote que hacer un viaje de ocho dias y le emprendió encargando á su mujer y sus hijos que layasen para cuando él volviese un pedacillo de tierra inmediato á la casa y único terreno que él dejaba sin layar.

Cuando volvió de su viaje era de noche y en casa todo lo encontró como quien dice patas arriba. ¡Ni lumbre siquiera habia en el hogar para hacer la cena!

Acostóse el pobre Angelote desesperado, y así que amaneció se asomó á la ventana á ver qué tal habian hecho su mujer y sus hijos la layada que él les encargó. Su desesperacion no tuvo límites cuando vió que el pedazo de tierra estaba aún sin layar; pero al dirigir la vista á la hondera de la pieza dió un grito de alegría y esperanza: ¡los manzanos apaleados, que nunca habian echado una flor, estaban cubiertos de ellas!

Aquella misma mañana cogió Angelote una vara de avellano y arreó á su mujer y sus hijos una buena paliza en vista de que se negaban como siempre á trabajar.

Y desde aquel dia Angelote no volvió á trabajar solo en las heredades ni volvió á ir á misa con los calzones negros cosidos con hilo blanco.

FIN DE LA PALIZA.

LAS OREJAS DEL BURRO

I.

Este era un señor cura que estaba de servidor en un curato patrimonial, que, como es sabido, son aquellos cuya propiedad corresponde á curas naturales de la feligresía, del municipio y aun de la provincia. Lo que voy á contar de él no le honra maldita la cosa, pero así como respeto y enaltezco siempre á los curas como Dios manda, así cuando por casualidad tropiezo con alguno que no honra á su respetable clase, pronuncio un «salvo la corona,» con lo cual mi conciencia queda tranquila, pues hecha esta salvedad, ya no se trata del sacerdote, sino del hombre, y le doy, así por lo suave, una zurribanda que sirva de saludable escarmiento.

El Sr. D. Toribio, que así se llamaba mi señor cura, debia tener algun péro muy gordo, pues cuando se colocó de servidor en Zarzalejo, lugarcillo de veinticuatro vecinos, todos pobres y rústicos labradores, hacia mucho tiempo que estaba desacomodado, porque en ningun pueblo le querian.

Asistia á las conferencias que el clero de aquellos contornos celebraba en Cabezuela, que era un pueblo inmediato, y siempre le encargaba el presidente de las mismas que estudiase yo no sé qué; pero el Sr. D. Toribio, en lugar de pasar los ratos desocupados estudiando, los pasaba andando de aquí para allí montado en el *Moro*, que era un burro muy mono al que habia criado en casa desde chiquitin, enseñándole una porcion de burradas que enamoraban y hacian desternillar de risa al Sr. D. Toribio.

La iglesia de Zarzalejo parecia una tacita de plata, y todo estaba en ella á pedir de boca; pero esto no se debia al señor cura, que se debia á Pedro, ó por mal nombre Pericañas, el hijo del tio Robustiano, que hacia de sacristan y monaguillo, y era, mejorando lo presente, lo más listo que uno se echa á la cara. En Castilla he oido un refran de sonsonete que dice: «Si quieres ver á tu hijo pillo, ponle á monaguillo,» y en verdad que este refran es un Evangelio chiquirritito, como algunos, muy pocos, de los refranes: casi todos los monaguillos son pillos en el buen sentido de la palabra, que es el de listos y despavilados, porque no parece sino que al aprender á despavilar las velas, aprenden á despavilarse á sí mismos.

II.

Un dia tuvo Pericañas con su padre una conversacion muy interesante.

—Padre, dijo Pericañas, yo voy siendo ya grande para monaguillo. El otro dia, cuando pasó por aquí el señor obispo y yo fuí con el *Moro* del señor cura á llevarle la maleta hasta Cabezuela, trabamos conversacion su ilustrísima y yo mientras su ilustrísima caminaba montado en su mula y yo caminaba á pié arreando al *Moro*.—¿Qué tal está la iglesia de Zarzalejo? me preguntó el señor obispo.—Muy bien, le contesté, y ya siento que vuestra ilustrísima no la haya visto.—No me ha sido posible detenerme en Zarzalejo, pero el año que viene, si Dios quiere, vendré á la visita pastoral y veré despacio la iglesia.—Pues de seguro le gustará á vuestra ilustrísima, porque, aunque me esté mal el decirlo, la tengo que se puede ver la cara en ella: de cada zurriagazo que les doy todos los dias á los santos para limpiarles el polvo, tiembla la iglesia.—Pues qué, ¿eres tú el sacristan?—Sacristan y monaguillo, para servir á vuestra ilustrísima.—Hombre, hombre, sacristan está bien, pero para monaguillo ya vas siendo grande.—¿Y eso qué le hace, señor?—¿Pues no le ha de hacer, hombre? Los monaguillos deben ser niños que por su inocencia y rostro infantil recuerden á los ángeles, y no hay cosa más impropia para hacer su oficio que un zamarro con más barbas que un chivo.—Así se esplicó el señor obispo. Conque ya ve Vd., padre, que si su ilustrísima me encontraba ya grande para monaguillo hace pocos dias, más me encontrará dentro de un año.

—Tienes razon, hombre, y la tiene el señor obispo, contestó el tio Robustiano.

—¿Y qué le parece á Vd. que haga?

—Decirle al señor cura que *demites* tu empleo y venirte á destripar terrones conmigo.

—Padre... á mí me gusta mucho la iglesia.

—A todos nos gusta, hijo, porque en ella nos da Dios á los pobres y afligidos la esperanza y el consuelo que nos niegan los hombres.

—Sí, pero no es eso lo que quiero decir.

—¿Pues si no, qué demonios es?

—Que yo quiero ser cura.

—Muchacho, ¿tú te quieres chungar conmigo? Mira que tengo muy malas pulgas.

—Pero, padre, mi deseo nada tiene de malo.

—Pero tiene mucho de imposible. Muy santo y muy bueno seria para todos el que te ordenases de cura, porque, como dijo el otro, en cada familia debe haber un machito negro que la ayude á llevar las cargas; pero ¿de dónde demonios vas á sacar para seguir la carrera?

—Si Vd. hiciera algun sacrificio para ayudarme, yo me aplicaria, y á la vuelta de unos cuantos años ya nadie en Zarzalejo le llamaria á usted el tio Robustiano.

—¿Pues cómo demonios me habian de llamar?

—El padre del señor cura.

—Vamos, vamos, este demonio de chico es capaz de engatusar... Pero, muchacho, ¿quién te asegura á tí que has de pillar el curato de Zarzalejo?

—En eso, padre, no puede haber dificultad ninguna, porque el curato de Zarzalejo es patrimonial y no hay miedo de que me le disputen.

—Pues bien, hombre, no hablemos más del asunto. Venderé aunque sea la camisa que tengo puesta á ver si con doscientos mil demonios te haces cura; pero ¡ay de tí si veo que no te aplicas! porque entonces te deslomo á palos, que ya sabes que tengo malas pulgas. Mañana mismo vamos á ver al dómine de Cabezuela, y te quedas allí estudiando la latinidad, que es lo primero y principal que hay que aprender para cantar misa.

Pericañas dió un salto de alegría al oir esto, y corrió á presentar al señor cura la dimision de su destino.

III.

El señor cura de Zarzalejo andaba muy caviloso y triste desde que Pericañas estudiaba para
cura: hasta su favorita diversion, que era la de
cabalgar en el *Moro* y hacer fiestas y enseñar
borricadas al animal, le cansaba y aburria.

Y no dejaba de ser fundada la tristeza del pobre
señor cura, porque, lo que él decia:

—Ese Pericañas, que es listo como un demontre, se hace cura en un periquete, y valido de la
pícara patrimonialidad, me birla el curato y vuelvo á pasar la pena negra antes de encontrar nueva colocacion. Hacer oposicion á un beneficio es
imposible para mí, porque ni jota sé del latin que
me prendí con alfileres para ordenarme, y eso de
estudiar, francamente, no me gusta. Será una
fatalidad, será una picardia, será todo lo que se
quiera este horror que tengo á los libros, pero
¿qué le he de hacer yo? Cada uno tiene su opinion
y su génio. Mire Vd. tambien al trasto de Pericañas, que se le ha antojado ser cura, como si para
serlo no hubiera más que tumbarse á la bartola y
pasar la vida hecho un borrico. No, pues si yo

pongo pies en pared para que no se salga con la
suya, no se saldrá. Y sí que los pondré, caramba,
que ya estoy harto de ser tonto, porque en esta
picara España el que no es intrigante y tuno se
fastidia.

Todos los dias tenia el señor cura este solilo-
quio, y se devanaba los sesos buscando el medio
de hacer á Pericañas una jugarreta que le obliga-
se á abandonar la carrera eclesiástica.

Un dia que andaba en estas cavilaciones se le
presentó el tio Robustiano y le dijo que tenia que
hablar con él á solas cuatro palabras.

—Ya sabe Vd., señor cura, le dijo el tio Robustiano, que á Pericañas le tengo en Cabezuela ya
va para medio año aprendiendo la latinidad con el
aquel de que se haga cura, porque parece que le
tira mucho la iglesia.

—Sí, ya lo sé, y me temo mucho que ese chico
pierda el tiempo, porque para ordenarse hay que
saber mucho.

—En eso último estoy yo tambien, señor cura.
Pues voy al decir que el muchacho tendrá estos
dias los *desámenes* y en seguida se vendrá á pasar
las vacaciones en casa. Yo quisiera que así que
venga le *desaminase* Vd. disimuladamente y luego me dijera en confianza qué tal viene de adelantado, porque si no ha adelantado le doy una
paliza de cien mil demonios y le pongo á destripar
terrones conmigo, que me estoy gastando un sen-

tido con él y ¡á qué es moler si el muchacho no es aplicado ó de su natural es burro!

—Hombre, tiene Vd. mucha razon y piensa como buen padre. Pierda Vd. cuidado, que en cuanto venga el chico yo le examinaré, así como quien no quiere la cosa, y le diré á Vd. con franqueza lo que me haya parecido.

Tras esta conversacion, el tio Robustiano se despidió del señor cura, seguro de que un señor tan sábio le habia de desengañar en lo tocante á los adelantos del chico.

IV.

Apenas llegó Pericañas á Zarzalejo, fué á visitar al señor cura, y como viese al *Moro* paciendo en un pradito que estaba antes de llegar á la casa, corrió á él para hacerle una fiesta. Por lo visto no estaba para fiestas el *Moro* con motivo del despego que le mostraba su amo hacia algun tiempo, pues acercarse á él Pericañas y plantar á este una coz que á poco más le deja en el sitio, todo fué uno. Pericañas, que no esperaba tal correspondencia de un animal á quien habia hecho muchos favores, siguió su camino murmurando:

—Bien merecido tengo este pago, por no considerar que de los burros solo se deben esperar coces.

El señor cura recibió á Pericañas, al parecer, con mucho afecto.

—Hombre, le dijo, yo creia que me ibas á saludar en latin.

—Mal ó bien, señor cura, le contestó modestamente el muchacho, hubiera podido hacerlo, porque me he aplicado cuanto he podido, pero creia que tal alarde hubiera parecido arrogancia.

—No hay arrogancia que valga, hombre. Á ver, á ver cómo me esplicas en latin en qué has empleado el tiempo.

El muchacho tomó la palabra en latin, y dejó patitieso al señor cura la soltura con que se esplicó, y digo la soltura, y no la perfeccion, porque el Sr. D. Toribio solo conoció que hablaba con soltura.

—¿Y es ese el latin que has aprendido en medio año? le preguntó el señor cura haciendo un gesto de desaprobacion.

—Sí, señor.

—Pues, hijo, es lástima que los panaderos hayan pasado malas noches por tí.

El muchacho, que con razon creia haber aprovechado el tiempo y así lo habia oido de boca de su preceptor, se quedó cortado con la salida del señor cura y se volvió á casa poco menos que llorando.

6

El tío Robustiano se fué aquella tarde por casa del señor cura deseoso de saber á qué altura de latin venia Pericañas.

—Tio Robustiano, le dijo el señor cura apenas le vió, tengo que darle á Vd. una mala noticia. El muchacho viene más burro que fué, porque no sabe jota de latin y hasta ha olvidado lo poquillo que con el roce habia ido aprendiendo á mi lado.

—Me ha partido Vd. de medio á medio con esa noticia, señor cura, exclamó el pobre hombre llevándose la mano á la frente para enjugar el sudor frio que le comenzaba á chorrear.

—Lo siento mucho; pero debo desengañarle á Vd., porque no tiene gracia que se esté Vd. sacrificando inútilmente por el muchacho.

—¡Por vida de dios Baco balillo, que en cuanto llegue á casa no le dejo hueso sano á ese tunante!.....

—¡Hombre, no haga Vd. barbaridades!

—Es que no sabe Vd., señor cura, las endemoniadas pulgas que tengo!

—Déjese Vd. de pulgas y siga mi consejo.

—¡Por vida de doscientas mil recuas de demonios!..... Perdone Vd., señor cura, la falta de respeto, que no sé lo que me digo. ¿Qué quiere usted que un hombre haga?.....

—Lo que ha de hacer Vd. es no tocar al pelo de la ropa al muchacho, y en vez de dedicarle á una carrera para la que no sirve, dedicarle á la labranza, en que puede ser un hombre tan útil y honrado como Vd.

—Haré por seguir los consejos de Vd., señor cura, pero.....

—No hay pero que valga, tio Robustiano. Es que creen Vds. que de bóbilis-bóbilis se hace uno cura. Están Vds. muy equivocados, que para ser cura se necesita saber mucho. Aquí me tiene usted á mí que, aunque me esté mal el decirlo, no soy de los más negados; pero, admírese Vd., aún hay curas que saben más que yo.

—¡Parece imposible, señor!

—Pues no hay imposible que valga. Ea, conque quedamos en que al pobre chico no le pegará usted, y en lugar de hacer de él un mal cura, haga un buen labrador.

—Francamente, señor cura, no respondo de mí, porque le digo á Vd. que tengo unas pulgas endemoniadas.....

—¡Vuelta con las pulgas! ¡Hombre, no sea usted tan cerril! En este mundo somos lo que Dios nos ha hecho, y no lo que nosotros queremos ser. A unos nos ha dado Dios mucho talento, y á otros.....

—Bien, señor cura, no hablemos más de eso. Haré lo que Vd. quiere, porque no se diga que un pobre borrico como yo pretende saber más que un señor tan sábio como Vd. Muchas gracias por todo y disimular.....

—No hay de qué, tio Robustiano.

El pobre tio Robustiano se fué de casa del señor cura áun más apesadumbrado que poco antes se habia ido el pobre Pericañas. Su esperanza de tener en la familia un machito negro que la ayudase á llevar las cargas, ¡habia volado!

V.

Para el tio Robustiano, que era hombre de bien á carta cabal y ya habia consentido en que todo Zarzalejo le llamaria el padre del señor cura, fué una puñalada la pérdida de aquella esperanza. Tener un hijo cura era para él la mayor de las honras. Yo conocí en una ciudad de Castilla una pobre mujer que solo tenia un defecto, y era un orgullo tan desmedido, que no la permitia tratarse de igual á igual con las vecinas. Este orgullo se fundaba en que su marido era sepulturero, y por consiguiente, como ella decia reventando de vanidad, la familia era de iglesia. Y yo conozco en una aldea de Vizcaya á una buena y amada compañera de mi infancia que, oyendo mis reconvenciones porque no se resignaba con la voluntad de Dios que le habia llevado un hijo próximo á ordenarse de misa, me contestó:—«¡Ay! era muy dulce para mí la esperanza de que manos engendradas en mis entrañas alzasen todos los dias la hostia consagrada y bendijesen al pueblo donde he nacido, he vivido y he de morir!»

El tio Robustiano habia prometido no pegar al muchacho; pero cuando este, tratando de defenderse de la acusacion de que no sabia jota de latin, sostuvo que sabia cuando ménos tanto como el señor cura, y se atrevió á poner en duda la veracidad y buena fé en cuya virtud le condenaba su padre á abandonar la carrera eclesiástica y á dedicarse á destripar terrones, el tio Robustiano perdió los estribos indignado de que un mocoso como su hijo se atreviese á dudar de la sabiduría y veracidad del señor cura, y faltó poco para que moliera á palos al pobre Pericañas.

Pasaron meses y meses, y Pericañas destripaba terrones al lado de su padre con la mayor resignacion y obediencia; pero dedicaba sus ratos de ócio y aún no pocas vigilias al estudio del latin, valiéndose para esto de los libros que habia traido de Cabezuela.

Un dia recibió el señor cura una carta del señor obispo en que este le anunciaba que iba á emprender la visita pastoral y le indicaba el dia en que llegaria á Zarzalejo. Su ilustrísima deseaba. pernoctar en casa del señor cura, y añadia á este: «No se moleste Vd. en hacer preparativos estraor-

dinarios de ningun género para recibirme. En
cuanto á la mesa, solo tengo que decirle á usted
que *orexis more parve.*»

Su ilustrísima tenia una letra endemoniada.
La parte en castellano de esta carta ya la fué de-
letreando el señor cura, pero al llegar al latin se
atascó completamente, por más vueltas y revueltas que dió.

—Pero ¿qué demonios querrá decir aquí su
ilustrísima? exclamaba el señor cura sudando la
gota tan gorda por interpretar el sentido de aquellas palabras, que aun yo hubiera traducido por
«soy habitualmente parco.» Y precisamente, continuaba, en este maldito latinajo está el busilis de
toda la carta, porque aquí es donde esplica el señor obispo la clase de comida que le he de preparar. *Orexis more parve...* Mil demonios me lle-
ven si entiendo esto. *Orexis more...* Aquí parece
que habla de las orejas del *Moro...* Pero ¡cá! eso
no puede ser. ¿Y á quién voy yo, en un pueblo
como este, donde nadie sabe latin mas que yo, á
preguntarle lo que significa este pícaro latinajo?
Pericañas de seguro lo sabe; pero ¿cómo doy yo
mi brazo á torcer preguntándoselo? Y sin embargo, no tengo más remedio que acudir á él. Eso sí,
lo haré con tal diplomacia, que no me ha de des-
cubrir la oreja.

Así diciendo, el señor cura se echó la carta de
su ilustrísima en el bolsillo, y haciendo que daba

un paseo, se fué por la heredad donde trabajaban Pericañas y su padre.

—¿Qué tenemos por esos mundos de Dios, señor cura? dijo el tio Robustiano.

—Hombre, por esos mundos de Dios no sé lo que pasa, pero en Zarzalejo tenemos una gran novedad.

—¡Calla! ¿Y se puede saber cuál es?

—¡Una friolera! Que el dia 24 tendremos aquí al señor obispo.

—¡Hola, hola! ¡Esa noticia es gorda!.¿Pero se sabe ya de cierto?

—Tan de cierto, que acabo de recibir carta de su ilustrísima anunciándomelo y diciéndome que se hospedará en mi casa. Aquí tienen Vds. la carta de su ilustrísima. Que la lea alto el estudiante, pues yo me he dejado las gafas en casa.

Y el señor cura alargó la carta á Pericañas, que la leyó de corrido. Al llegar á las palabras latinas, el señor cura le dijo con un retintin capaz de cargar á Cristo padre:

—Eso está en griego para tí, muchacho.

El muchacho, que no tenia pelo de tonto; adivinó al vuelo lo que buscaba el señor cura, y replicó:

—Gracias, señor cura, por el favor que Vd. me hace.

—Es justicia, hijo, y si no tradúcelo, tradúcelo para que lo entienda tu padre.

—Tiene razon el señor cura. Dí qué quiere decir eso, borrico.

—Aquí dice que su ilustrísima se contenta con que el señor cura le prepare para comer el par de orejas del Moro.

El tio Robustiano levantó el mango de la azada para arrear un lapo á Pericañas dando por seguro que este traducia un disparate, pero el señor cura le detuvo y dijo al muchacho:

—¿Estás seguro de que dice eso?

—Tan seguro como Vd. lo está de que yo no sé jota de latin. La cosa no puede estar más clara: *orexis*, las orejas, *more*, del Moro, *parve*, el par.

—Pues, amigo tio Robustiano, dijo el señor cura, el muchacho ha acertado esta vez por más que lo hagan inverosímil su ignorancia del latin y lo estraño del encargo de su ilustrísima.

—¿Pero es posible, señor cura, que su ilustrísima tenga tal antojo?

—Amigo, carta canta.

—¿Y cómo sabe su ilustrísima que el burro se llama *Moro?*

—¡Toma, mire Vd. con lo que sale ahora mi padre! dijo Pericañas. ¡Pues pocas veces me oyó á mí darle ese nombre cuando fuí con su ilustrísima á Cabezuela!

—¡Ya se vé, dijo el tio Robustiano, como estos señorones no saben ya qué comer, por variar se les antoja cualquier porquería!

VI.

Pericañas no tenia mal corazon, pero no habia podido dominar la tentacion de vengarse de las dos coces que habia recibido, una del *Moro* y otra del señor cura.

Por fin llegó el señor obispo á Zarzalejo entre el repique de las campanas y la alegría del vecindario, que en compañía del señor cura habia salido á recibirle á las afueras del pueblo. Pericañas tambien salió con su padre á recibir á su ilustrísima.

Lo usual en tales casos es que el clero reciba al prelado á las puertas de la iglesia; pero como aquel era pueblo de gente toda ella rústica, el señor cura habia creido que debia salir á recibirle en las afueras del pueblo y luego adelantarse á la iglesia para revestirse y hacerle allí el recibimiento eclesiástico.

Al ver el tio Robustiano que el señor cura y aún el maestro de escuela dirigian la palabra al señor obispo, por supuesto en castellano, felicitándole por su llegada, no pudo dominar un arranque de sentimiento y disgusto, y dijo por lo bajo á su hijo tirándole un torniscon:

—¡Ah, si tú, burro de todos los demonios, hubieras salido otro, cómo te hubieras podido lucir hoy delante de todo el pueblo, felicitando en latin al señor obispo!

Estas palabras fueron un rayo de luz para Pericañas, como casi siempre lo son las de los padres para los hijos claros de inteligencia y sanos de corazon. Al oirlas, adelantóse hácia el señor obispo y le dirigió la palabra en latin sin la menor vacilacion.

Su ilustrísima se quedó pasmado al oir al muchacho espresarse con no comun correccion en la lengua del Lacio, de que el prelado era gran partidario y peritísimo cultivador, y no pudo menos de contestar primero con un aplauso, que secundó todo el pueblo entusiasmado, y luego con algunas frases en castellano, elogiando á la faz de todo Zarzalejo la perfeccion con que aquel muchacho hablaba el latin.

El pobre tio Robustiano creyó reventar de orgullo y alegría al ver y oir aquello, y sin saber lo que se hacia empezó á abrazar á su hijo y á tirar al aire el sombrero, dando vivas á su ilustrísima.

El que, por más que lo disimulaba, se habia quedado como los santos de Francia, era el señor cura.

Su ilustrísima dispuso que Pericañas le acompañara, no solo á la iglesia, sino tambien á su mesa en casa del señor cura.

Esta nueva y singular honra dispensada á su
hijo tenia trastornado de gozo al tio Robustiano,
á quien todo el pueblo volvia chocho felicitándole
por ella.

De vuelta de la iglesia, el señor obispo, su secretario, el señor cura y Pericañas, se sentaron
á la mesa, este último con gran emocion y humildad aunque no con torpeza ni encogimiento.

El señor cura habia dispuesto una escelente
comida, como lo probaban el apetito y complacen-
cia con que comian su ilustrísima y el señor secretario.

Fueron saliendo los principios, y al fin apareció el singularísimo encargado, en concepto del
señor cura, por el señor obispo. Su ilustrísima y
el señor secretario se sirvieron de él y empezaron
á comer. Sea que el gusto del manjar le parecie-
se estraño ó sea que le chocase que tanto el señor
cura como Pericañas se escusaban cortesmente de
probar de aquel plato, el señor obispo preguntó:

—Señor cura, ¿qué vianda es esta?

—Pues nada, señor, contestó el cura, ese es el
plato que en su carta me encargaba especialmente vuestra ilustrísima.

—Usted está equivocado, señor cura; yo no es-
pecifiqué á Vd. plato alguno.

—Aqui he de tener la carta de vuestra ilustrísima, replicó el señor cura sacando del bolsillo
la del señor obispo. Vea vuestra ilustrísima cómo

me decia en ella que le preparase el par de orejas del *Moro*.

—¿El *Moro*? ¿Y quién es ese caballero, hombre?

—Señor, el *Moro* es el burro de casa.

—Señor cura, ¿se ha vuelto Vd. loco?

—¡No, ilustrísimo señor! Carta canta; aquí dice testualmente: «*Orexis more parve.*»

La casa se le cayó encima al señor obispo al oir esto, y tanto él como el señor secretario empezaron á dar arcadas para vomitar, porque de repente se les habia vuelto veneno lo poco que habian comido de las orejas del burro.

Pericañas estaba aún más confundido y pesaroso que el señor cura de la jugarreta que al señor cura y al borrico habia hecho por un mezquino sentimiento de venganza que le causaba ya profundo remordimiento y vergüenza.

—¡Señor obispo! exclamó arrojándose humildemente á los pies del venerable prelado; ¡perdone vuestra ilustrísima al señor cura, que es inocente de esta picardía de que solo yo soy culpable!

El señor obispo pidió esplicaciones de aquello que parecia una indigna broma, y así que oyó algunas que le dió el muchacho, lo comprendió todo, pues era tan perspicaz como prudente y benigno.

Poco despues se disponia á salir para Cabezuela con objeto de pernoctar allí y no en Zarzalejo como habia pensado, y llamando á parte al señor cura y al muchacho, les dijo:

—Señor cura, ya sabe Vd. que la lengua latina es el idioma oficial de la Iglesia católica. Usted, que es uno de los ministros de la Iglesia, ha olvidado esa lengua y es indispensable que vuelva al seminario conciliar de la diócesi á aprenderla. Tú, Pedro, que aspiras á ordenarte y á obtener la patrimonialidad de Zarzalejo y por una intriga miserable te viste apartado de tan santo camino, te vas á venir conmigo, despues de obtener el beneplácito y la bendicion de tu padre, que yo me encargo de costearte la carrera elesiástica á que al parecer Dios te llama.

Pocos años despues, Pericañas era cura patrimonial de Zarzalejo, y D. Toribio, que estaba de servidor en otro pueblecillo cercano, estudiaba como un demonio para hacer oposicion á un beneficio de Cabezuela.

¡Ah! si yo fuera obispo..... algo más habia de hacer que echar bendiciones.

FIN DE LAS OREJAS DEL BURRO.

LAS DUDAS DE SAN PEDRO

I.

Cuando Cristo y San Pedro andaban por el mundo sucedieron cosas que el pueblo español me ha contado en el lenguaje candorosamente familiar, anacrónico y castizo en que, con la ayuda de Dios, las voy á recontar.

San Pedro era un gran santo, y Cristo le quería mucho, como lo prueba el haberle nombrado su vicario en la tierra y el haberle dado despues las llaves del cielo; pero á pesar de eso, San Pedro tenia sus debilidades de hombre, de lo que es testigo aquello del gallo, y sus rarezas de viejo, de lo que dará testimonio la presente narracion.

Cristo notaba hacia algun tiempo que San Pedro estaba cada vez más caviloso y triste, y un dia que caminaban juntos por Galilea, le dijo:

—Amado Pedro, ¿cuál es la causa de las melancolías y cavilaciones en que te sumes con frecuencia?

—Señor Maestro, contestó San Pedro, desgraciadamente no se equivoca Vd., que hace tiempo me atormentan dudas que casi no me dejan pegar los ojos de noche ni solazarme con los encantos de la naturaleza de dia.

—¿Me dirás, amado Pedro, qué dudas son esas?

—Señor Maestro, trabajillo me costará el decírselo á Vd., porque mis dudas son tales, que se me cae la cara de vergüenza solo con pensar en ellas.

—Amado Pedro, rústico y humilde pescador eras en esta mar de Galilea cuando, siguiendo las inspiraciones de mi Padre, te elegí para predicar el Evangelio de Dios á las gentes, y aun para más altos destinos te reservo. Te he infundido la ciencia divina de mi Padre, que es la sabiduría suprema en el cielo y en la tierra, y ¿crees que no tengo derecho á exigirte que me muestres todo lo más recóndito de tu corazon y tu inteligencia?

—Es verdad, señor Maestro, que tiene usted derecho para eso y mucho más, pero mis dudas son terribles...

—Amado Pedro, dime cuáles son.

—Pues ha de saber Vd. que dudo de la justicia y sabiduría de Dios.

—¿De mi Padre?

—Cabalito, de su señor Padre de Vd.

—Amado Pedro, ¿has perdido el juicio?

—Le perderé si estas pícaras dudas continúan, pero lo que es ahora le tengo muy cabal.

—Pero, amado Pedro, ¿sabes lo que son esas dudas?

—Serán una picardía, serán una barbaridad, serán un sacrilegio, serán todo lo que Vd. quiera; pero lo cierto es que yo las tengo, y por más que me mato por echarlas con doscientos mil de á caballo, no lo puedo conseguir.

—Pero dime, amado Pedro, cuáles son y en qué se fundan. Porque no basta decir yo dudo de esto ó de lo otro ó de lo de más allá; es menester probar que la duda es racional y justa.

—Estamos conformes en eso, señor Maestro; pero desgraciadamente las dudas que yo tengo de la justicia y sabiduría de su señor Padre de usted son fundadísimas.

—Veamos, amado Pedro, en qué se fundan.

—Señor Maestro, Vd. sabe muy bien que desde que andamos de zeca en meca combatiendo la malicia y el error que tanto abundan en este pícaro mundo, hemos visto cosas que... francamente, no nos han hecho maldita la gracia.

—¿Y qué cosas han sido esas, amado Pedro?

—Demasiado lo sabe Vd., señor Maestro. Hemos visto inocentes niños desamparados, hombres de bien haciéndose cruces en la boca, bribones nadando en el oro y el moro, mujeres honradas cubiertas de harapos y mujeres sin vergüenza cubiertas de seda y repantigadas en doradas carrozas.

—¡Todo eso es la pura verdad, amado Pedro!

—Pues bien, señor Maestro: si su señor Padre de Vd. es justo y sábio á carta cabal, como usted dice y todos nosotros vamos propalando por el mundo fiados en la honrada palabra de Vd., que creemos no nos dejará mentir, ¿cómo su señor Padre de Vd. consiente esas y otras picardías?

—Amado Pedro, contestó Jesús, tus dudas son criminales; pero no temas, que mi Padre ha dicho: Bienaventurados los pobres de espíritu, que de ellos será el reino de los cielos.

—¿Y se puede saber, señor Maestro, qué entiende Vd. por pobres de espíritu?

—Pobres de espíritu son los ricos de corazon y pobres de inteligencia; que si pecan, pecan por ignorancia y no por malicia, como á tí te sucede al dudar de la justicia y sabiduría de mi Padre.

Al decir esto, Cristo sonrió benévolamente. Entonces San Pedro sintió que un rayo de divina luz iluminaba vaga y fugitivamente su inteligencia, y prorumpiendo en lágrimas de arrepentimiento, quiso prosternarse á los pies de Jesús, que le tendió amorosamente la diestra para impedírselo, y le consoló con su sonrisa.

Y ambos viajeros, mudando en seguida de conversacion, continuaron su camino.

II.

Andando, andando, Cristo y San Pedro llegaron junto á una casería rodeada de frutales cargados de madura fruta y campos cubiertos de
verdes maizales y de dorado trigo que un hombre,
una mujer y un niño comenzaban á segar.

Como hacia un calorazo que se asaban los pájaros, iban ámbos, como quien dice, con un palmo
de lengua fuera.

—Señor Maestro, dijo San Pedro, esto es achi-
charrarse vivo, y yo ni siquiera me atrevo á quitarme la caperuza para limpiarme el sudor, porque como tengo tan poco pelo, temo coger una
insolacion que me lleve la trampa.

—Ten un poco de paciencia, amado Pedro, que
en esa casería del pie de la cuesta descansaremos
un poco y nos refrigeraremos con agua fresca,
porque yo me voy ahogando de sed.

—Y á mí me sucede dos cuartos de lo mismo.

Cristo y San Pedro llegaron al fin á la casería
que estaba al empezar una cuesta, y se sentaron
delante de ella á la sombra de un cerezo.

Apenas vieron los labradores que los viajeros
se habian detenido, se apresuraron á salir á salu-

darlos. Los labradores eran un matrimonio con
un hijo como de catorce años muy avispado y
muy guapo.

El recibimiento que hicieron á los dos viajeros
desconocidos no pudo ser más afectuoso.

—Pasen Vds. adentro y descansarán un rato
y tomarán algo, les dijo la labradora abriendo la
puerta de la casa.

—No se moleste Vd., le contestó Cristo, que á
la sombra de este cerezo estamos perfectamente.
De lo que sí nos ha de hacer Vd. el favor es de
un poco de agua fresca.

—Con mucho gusto, contestó la buena mujer;
y un momento despues les sacó agua fresca con
azucarillos y todo.

—¿Parece, le preguntó San Pedro, que ogaño
la cosecha es buena?

—Muy buena, gracias á Dios, que ha derrama-
do este año todas sus bendiciones sobre nuestras
heredades.

—¿De modo que cogerán Vds. trigo para todo
el año?

—Y aun para más si no lo vendiésemos; pero
pensamos llevar al mercado toda la cosecha de
este año para dar con su importe y el de la fruta
un poco de carrera á este chico.

—¿Y qué han de comer Vds.?

—Pasaremos como Dios nos dé á entender con
pan de maiz, que si no viene algun pedrisco y

nos lo destruye, va á ser, gracias á Dios, tambien muy abundante.

Tras esta conversacion, Cristo y San Pedro se levantaron para continuar su camino; pero la labradora se empeñó en que se habian de esperar un poco, mientras el chico les cogia unas cerezas con que pudieran mojarse la boca en el camino; y en efecto, el chico subió al cerezo y les cogió un pañuelo de ricas cerezas, que agradecieron mucho y con que se entretuvieron mientras subian la cuesta.

—¿Sabe Vd., señor Maestro, dijo San Pedro entusiasmado con las cerezas, que, como tenia ya mala dentadura, eran una de sus frutas favoritas; sabe Vd. que esas gentes parecen muy cristianas y buenas?

—Mucho. Pero apretemos el paso, amado Pedro, porque aquella nube que asoma por Occidente es muy siniestra, y si no nos damos prisa nos va á alcanzar antes que lleguemos á la venta.

San Pedro siguió el consejo del Maestro, con tanto más motivo cuanto que la nube avanzaba, avanzaba relampagueando y tronando como un demonio.

Cuando llegaban á la venta, que estaba al terminar la cuesta, la tempestad bramaba ya sobre la casería donde tan obsequiosamente habian sido acogidos. Refugiáronse en la venta mientras la tempestad pasaba, y así que escampó salieron para continuar su camino.

San Pedro dirigió entonces la vista hácia la casería, y lanzó un grito de sorpresa y lástima al ver que el pedrisco habia arrasado completamente los campos de maiz y trigo y destrozado los árboles cargados de fruta que rodeaban la casería.

Cristo reparó tambien en aquel estrago y guardó silencio.

Una nube de tristeza se estendió de nuevo por la venerable faz de San Pedro.

—¿Qué es eso, amado Pedro? le preguntó el Maestro.

—¡Señor Maestro! exclamó el anciano con honda amargura, ¿no ha convenido Vd. en que las gentes de allá abajo son muy cristianas y buenas?

—Sí, amado Pedro, son honradísimas.

—Pues entonces...

—Amado Pedro, no vuelvas á dudar de la sabiduría y justicia de mi Padre, dijo Jesús sonriendo.

—¡Señor Maestro, rogadle que me perdone! exclamó San Pedro llorando, porque aquella vaga y divina luz que esclarecia su inteligencia siempre que Jesús le reconvenia sonriendo benévolamente, habia ahuyentado de improviso su desconsoladora duda.

—Amado Pedro, mi Padre ha dicho: Bienaventurados los pobres de espíritu, le dijo Jesús por única contestacion.

Y ambos continuaron su camino, hablando de asunto diverso.

III.

Andando, andando, Cristo y San Pedro llegaron al anochecer á una ermita que estaba en un espantoso desierto, en cuyos matorrales aullaban los lobos como condenados.

—Señor Maestro, dijo San Pedro, yo no paso de aquí aunque me fusilen.

—¿Por qué, amado Pedro?

—¿No oye Vd. la música que anda en los matorrales?

—Amado Pedro, cuando los lobos aullan licencia tienen de Dios.

—Estoy conforme en eso, señor Maestro, pero no lo estoy en que los lobos saquen la tripa de mal año con nosotros.

—No tengas cuidado, que aquí ha de vivir un ermitaño que es casi un santo, y de seguro nos dará un rinconcillo donde pasemos la noche.

—¡Me ha vuelto Vd. el alma al cuerpo, señor Maestro!

Cristo y San Pedro se dirigieron á la ermita, y

pidieron hospitalidad al ermitaño, que los recibió con mucho amor y les dió de cenar pan, nueces y agua fresca, servida en una copa de oro guarnecida de diamantes.

La copa le chocó sobremanera á San Pedro. El ermitaño lo notó y se apresuró á satisfacer la curiosidad del anciano.

—Sin duda, dijo, estrañarán Vds. que un humildísimo siervo de Dios, que ordinariamente se alimenta con yerbas y raices, pues el pan y las nueces solo se usan aquí los dias de incienso, posea una alhaja como esta?

—Y tres más que lo extrañamos, contestó San Pedro.

—Pues han de saber Vds. que yo era riquísimo, triunfaba y gastaba en grande, y lo mismo me acordaba de Dios que de la primera camisa que llevé puesta. Al fin me tocó Dios en el corazon, y sin duda por aquello de que despues de harto el diablo de carne se metió fraile, determiné renunciar á las vanidades del mundo, á cuyo efecto dí á los pobres cuanto tenia, menos esta copa, y me vine á esta soledad, donde vivo dando al olvido esta vida transitoria y pensando solo en la eterna.

—Eso, contestó San Pedro, es muy cristiano y bueno; pero pregunta mi curiosidad: ¿por qué se reservó Vd. esta copa que, entre paréntesis, vale cualquier dinero?

—Porque era un regalo que me habia hecho el

rey y..... francamente, no tuve valor para des-
prenderme de alhaja que tanto y tanto me honra.
¿Conque, segun veo, le parece á Vd. cosa de
mérito la copita, eh?

—¡Vaya si me parece!

—Y no crean Vds. que la guarnicion es de
piedras falsas: es de finísimos diamantes que valen un dineral.

—Eso á la legua se conoce, hombre.

Sospechando el ermitaño que los forasteros
tendrian más gana de dormir que de hablar de
la copa, les arregló una escelente cama de yerba
seca y olorosa, y así que se acostaron y les dió
las buenas noches, se fué á la ermita á pedir á Dios que les concediese el sueño de los
justos.

Cuando Cristo y San Pedro se levantaron, el
ermitaño ya les tenia preparado el almuerzo,
compuesto, para variar, de nueces, pan y agua
fresca, servida en la copa consabida.

—Ea, les dijo, almuercen Vds. á sus anchas y
dispensen Vds. que les deje, porque tengo que ir-
me á mis rezos. Dios les dé á Vds. buen viaje y
haga que si no nos volvemos á ver en la tierra,
nos volvamos á ver en el cielo.

Cristo y San Pedro le dieron las gracias por
todo, le instaron á que se fuese á sus quehaceres
sin andar en cumplimientos, y despues de almorzar como unos príncipes, continuaron su viaje.

—¿Sabe Vd., señor Maestro, dijo San Pedro, que el ermitaño ese me parece un bendito?

—Ya te dije, amado Pedro, que casi era un santo.

—Yo creo que lo es sin casi.

Como el pan y las nueces son comida seca, Cristo y San Pedro tuvieron muy pronto una sed de mil demontres.

Busca por aquí, busca por allí una fuente, al fin dieron con una que brotaba al pie de un árbol. Para beber en ella casi era necesario echarse de bruces. Iba ya á hacerlo San Pedro á pesar de que para bajarse tenia ya duro el espinazo, cuando el Maestro le detuvo, diciendo:

—Espera, amado Pedro, que aquí he de tener yo algo con que bebamos con toda comodidad.

Y echando mano á las alforjas, sacó de ellas, con gran asombro de San Pedro, la rica copa del ermitaño.

—Pero, señor Maestro.... murmuró San Pedro, por cuyo venerable rostro se habia estendido de repente, no ya una nube, sino un denso nubarron de tristeza.

—Amado Pedro, bebe, le interrumpió Cristo sin darse por entendido de aquella murmuracion y aquella tristeza.

Bebieron ámbos, se guardó Cristo la copa en las alforjas y continuaron su camino.

San Pedro se moria de tristeza.

—Amado Pedro, le dijo Cristo, ¿tornas á tus melancolías?

—Señor Maestro, le preguntó á su vez el apóstol, ¿está Vd. seguro de que su señor Padre aprueba cuanto Vd. hace?

—Tú lo has dicho, Pedro.

—Pues señor... digo que no lo entiendo, que no lo entiendo y que no lo entiendo.

—No lo entiendes, amado Pedro, dijo Cristo con severidad, porque eres pobre de espíritu.

—Pero ¡qué pobre de espíritu ni qué alforjas! Ese santo hombre nos da de cenar lo mejorcito que tiene, nos pone una cama que ni las de matrimonio, nos dá de almorzar, nos deja solos en su cuarto á pesar de que allí tiene una copa que vale más oro que pesa, y en pago de todo le birlamos la copa. ¡Hombre, si esto no es una picardía, que venga Dios y lo vea!

—Ya lo vé, amado Pedro.

—¿Y lo aprueba?

—Cúmplese su santa voluntad, dijo Jesús sonriendo.

Aquel súbito rayo de luz que solia iluminar la inteligencia del apóstol siempre que Jesús sonreia, apareció tambien esta vez al trocar Jesús en benévola sonrisa su severidad.

El apóstol lloró de arrepentimiento y consuelo, y ámbos continuaron su camino mudando de conversacion.

IV.

Andando, andando, Cristo y San Pedro llegaron á la orilla de un rio muy ancho y muy hondo que habia que pasar en una barca.

La barca estaba amarrada á la orilla del rio y el barquero no parecia por allí.

San Pedro, como habia sido pescador y entendia algo de barcas, quiso empuñar el remo y pasar con Cristo al otro lado, pero Cristo se opuso á ello.

—Qué, señor Maestro, dijo el anciano, ¿duda usted de mi pericia en la navegacion? ¡Ave María, no es Vd. poco desconfiado!

—Amado Pedro, mete la mano en tu seno, le replicó Jesús sonriendo.

San Pedro se puso como la grana y calló.

Ambos se sentaron á descansar á la puerta de la choza del barquero, mientras el barquero venia, suponiendo que habria ido por allí á cortar mimbres para hacer estrovos.

Buena necesidad tenian los dos de descansar, y aun de tomar un bocado, porque estaban despeados y muertos de hambre.

Poco despues vieron bajar al barquero de hácia

una iglesia que se veia allá arriba en un cerro que dominaba la ribera.

El barquero, que parecia como compungido y lloroso, lo que hizo suponer á San Pedro que vendria de algun entierro, les pidió mil perdones por haberlos hecho esperar, y despues de haberlos obsequiado con una fritada de truchas y un porron de buen vino que encandiló los ojos al santo anciano, se dispuso á pasarlos al otro lado.

Cuando se acercaba la barca á la orilla opuesta, Cristo sacó con mucho disimulo una barrena que llevaba en el bolsillo desde el tiempo de su difunto padre putativo San José, en cuyo taller de carpintero solia entretenerse haciendo cuatro chucherías, y con ella hizo en el fondo de la barca un agujero que tapó con el pie para que no entrara por él el agua hasta su debido tiempo.

Cristo y San Pedro se despidieron del barquero, que no quiso tomar ni un cuarto por el almuerzo ni el pasaje, y saltando en tierra empezaron á alejarse del rio.

Oyendo San Pedro un doloroso grito que le pareció del barquero, volvió la cara y vió que barca y barquero se hundian en el fondo del rio para no volver á aparecer.

—¡Señor Maestro, exclamó espantado, socorramos á ese buen hombre que se ahoga!

—Amado Pedro, le replicó el Maestro, cúmplase la voluntad de mi Padre, que para que se cumpla he horadado el fondo de la barca mientras pasábamos el rio.

—Vamos, señor Maestro, exclamó San Pedro santiguándose y cubierta su venerable faz de una nube de tristeza más densa aún que la que habia vomitado torrentes de piedra sobre la casería de marras; ¡vamos, esto ya pasa de castaño oscuro!

—Amado Pedro, le dijo el Maestro con severidad, la voluntad de mi Padre se ha cumplido y debemos regocijarnos por ello.

—Pero, señor Maestro..... ¡Vamos, si digo y redigo y vuelvo á decir que yo no comprendo estas cosas!

—No las comprendes, amado Pedro, porque eres pobre de espíritu, dijo Jesús sonriendo benévolamente y alargando su diestra al anciano.

El misterioso rayo de luz tornó á iluminar la inteligencia de San Pedro.

Y San Pedro bajó la venerable frente en silencio derramando abundantes lágrimas, y ámbos viajeros continuaron su camino mudando de conversacion.

V.

Andando, andando, Cristo y San Pedro llegaron, ya muy de noche, á un pueblo donde no conocian á nadie.

A la puerta de una casa vieron á un hombre y le preguntaron dónde hallarian posada.

El hombre, que parecia estar chispo, les puso de picardías que no habia por donde cogerlos.

San Pedro quiso emprender con él á estacazos, pero Cristo se lo impidió, diciéndole:

—Amado Pedro, la voluntad de mi Padre es que cuando nos hieran una mejilla, ofrezcamos la otra para que nos la hieran tambien.

Y asiendo de la mano al apóstol, ámbos se fueron al pórtico de una iglesia que estaba en frente, y allí pasaron la noche durmiendo como bienaventurados.

Cuando despertaron, poco despues de rayar el alba, vieron un hombre tumbado á la puerta de la taberna de enfrente y fueron á ver si estaba muerto ó dormido.

¡El hombre estaba que daba lástima! Tenía la camisa llena de vino, la cara y las manos llenas de arañazos y cardenales y la ropa hecha girones.

—Vamos, dijo San Pedro, este está durmiendo la mona. ¡Pero, señor, es mucho cuento la pícara aficion al vino que tiene este pícaro pueblo soberano! Si yo fuera rey, en mi reino solo se habia de vender el vino en las boticas, y al boticario que vendiera un cuartillo sin la correspondiente receta del facultativo, ¡ya le habia caido la lotería!

—Amado Pedro, le replicó el Maestro, tira la primera piedra al culpable cuando te creas sin culpa.

San Pedro se acordó de lo alegre que habia salido de la choza del barquero, y se calló como diciendo para sí:

—¡El señor Maestro me ha partido por el eje!

Cristo dijo al dormido:

—¡Eh, buen hombre, levántate, que ya es de dia!

El dormido despertó, saludándoles con un buenos dias tengan Vds., y levantándose como avergonzado, fué á tomar una callejuela escusada, como si quisiera ocultarse de las gentes del pueblo, que ya comenzaban á salir de casa.

—Calla, exclamó entónces San Pedro, reparando mejor en él, ese tunante es el que anoche nos puso como ropa de páscua.

—Ciertamente, amado Pedro, dijo Jesús; y dirigiéndose al hombre, añadió:

—Eh, buen hombre, torna acá.

El hombre volvió como avergonzado y tímido, con tanto más motivo cuanto que San Pedro le echaba unos ojos que parecia querérsele comer vivo; y Cristo, metiendo mano á las alforjas, sacó la copa guarnecida de diamantes y se la dió, diciendole:

—Toma esta copa que vale mucho dinero, véndela, y haz de su importe el uso que Dios manda.

El hombre tomó la copa deshaciéndose en lágrimas de agradecimiento, y se alejó por la callejuela escusada.

La nube que en aquel instante cubrió la venerable faz de San Pedro no era ya nube, era tinta fina de escribir.

—Señor Maestro, exclamó el anciano fuera de sí, si su señor Padre de Vd. obra como justo y sábio al recompensar de ese modo á un borracho indecente, digo que.....

—¡Amado Pedro, le interrumpió Jesús con severidad, pon tiento en lo que dices! ¡Ten fé en la justicia y sabiduría de mi Padre! Tu fé vacila con frecuencia y es menester fortalecerla, porque mi Padre quiere fundar en ella la obra más grande y duradera de este mundo.

Y así diciendo, Jesús tomó á San Pedro de la mano y fué á sentarse con él en el pórtico de la iglesia.

VI.

—¿Qué has visto, amado Pedro, desde que por primera vez me confesaste que dudabas de la justicia y sabiduría de mi Padre?

8

—Señor Maestro, he visto cosas que han arrai-
gado cada vez más mis desconsoladoras dudas,
contestó San Pedro llorando.

—Amado Pedro, óyeme con atencion y deja las
lágrimas para llorar otra gran debilidad en que
has de incurrir cuando se acerque la consuma-
cion suprema de los decretos de mi Padre.

Aquellos honrados labradores cuya cosecha vi-
mos destruida en un instante por la tempestad,
destinaban el importe de la cosecha á costear la
carrera de su único hijo, que queria hacerse es-
cribano.

Si el muchacho se hubiese hecho escriba-
no, hubiera enredado en pleitos y jaranas á todo el pueblo, hubiera matado á disgustos á sus
padres, hubiera deshonrado á la familia, y por
último, se hubiera condenado; pero como la tempestad dejó á sus padres sin medios para darle
tal carrera (que honra tanto más á los que la
ejercen bien cuanto más expuesta es á ser ejerci-
da mal), el muchacho será un honrado labrador
como sus padres, sus padres alcanzarán á su lado
una vida dilatada y feliz, él la alcanzará igual al
lado de sus hijos, y cuando muera irá á sentarse
á la diestra de mi Padre, que es donde se sientan
los que glorifican á Dios y á la humanidad con
la virtud y el trabajo.

Aquel ermitaño que tan caritativa hospitalidad
nos dió, solo necesitaba para ser santo una cosa:

desembarazarse de una sutilísima hebra de vanidad mundana que le ligaba á la tierra. Yo, cumpliendo la voluntad de mi Padre, quebranté aquella hebra arrebatándole la copa de oro que conservaba con nécio orgullo por habérsela regalado un rey, y el ermitaño goza ya de la bienaventuranza eterna en el reino de mi Padre.

El barquero que viste ayer sepultarse en el fondo del rio, habia cometido enormes culpas arrojando al agua á muchos viajeros para robarles; repetidas veces se habia arrepentido y repetidas veces habia reincidido en las mismas culpas. Ayer se hallaba en estado de gracia, porque acababa de confesarse y llorar sus culpas con sincero arrepentimiento. Muriendo ayer, subió derecho al cielo; si ayer no hubiera muerto, hubiera vuelto al pecado, y hubiera bajado derecho al infierno.

Por último, ese hombre á quien he dado la copa de oro era un honrado labrador, padre de dilatada familia. Pérdida de cosechas y otras desgracias le hicieron contraer grandes deudas y esperimentar grandes privaciones que le avergonzaban y lastimaban horriblemente. Para atolondrarse y echar de la memoria sus desdichas, el insensato acudia á la embriaguez.

—O, lo que es lo mismo, señor Maestro, tomaba por lo sério aquella estúpida máxima del pueblo

soberano que dice: «Para no sentir penas, embor-
racharse.»

—Cierto, amado Pedro. Con el valor de la copa que yo le he dado, pagará todas sus deudas;
atenderá á las necesidades de su casa; apartará
á su familia de la senda de perdicion á que empezaba á arrastrarla la miseria; será un ciuda-
dano útil y un honrado padre de familia, y él y
su mujer y sus hijos que caminaban para el infierno, caminarán para el cielo.

¡Amado Pedro! continuó Jesús, trocando la
severidad en una dulce y benévola sonrisa, Dios,
que es mi Padre, es la justicia y la sabiduría así
en la tierra como en el cielo. La inteligencia humana, como es débil y mezquina por naturaleza,
no comprende la razon y la justicia de todo lo
que Dios hace; pero todo lo que Dios hace es
sábio y justo. Los pobres de espíritu dudan;
pero si no son tambien pobres de corazon, se
salvan.

Aquel rayo de divina luz que irradiaba siempre la sonrisa de Cristo y solia iluminar vaga y
fugitivamente la inteligencia del apóstol, la ilu-
minó al fin por entero y se fijó en ella para no
abandonarla jamás hasta aquella noche en que
Pedro, á punto de cantar el gallo, negó tres veces á su divino Maestro Jesús el galileo en el
átrio de Caifás.

—¡Oh, señor, exclamó San Pedro deshaciéndo-

se en lágrimas de consuelo y de fé, pedid á vuestro Padre que tenga misericordia de mí!

—Amado Pedro, dijo Jesús sonriendo, tú eres
de los pobres de espíritu de quien ha dicho
mi Padre que serán con él en el reino de los
cielos.

FIN DE LAS DUDAS DE SAN PEDRO.

EL TIO INTERÉS

I.

Hace ya muchos años, caminaba yo en una
galera de Medina del Campo á Valladolid, y entre los viajeros que me acompañaban, iba una
mujer que se quejaba amargamente de que no se
le habia hecho justicia en un pleito que estaba á
punto de resolverse en segunda instancia en la
Audiencia de Valladolid, donde temia que tampoco se le hiciera justicia.

Con tal motivo ó tal pretesto, se dijeron allí
perrerías de los tribunales, y el que más benévolamente los juzgó fué un señor cura de aldea que
se limitó á decir que los jueces tienen ojos y
no ven.

Yo quise tomar la defensa de la justicia, porque esta señora de vidas y haciendas es muy
respetable; pero fuese que el auditorio estuviese
poco dispuesto á dejarse convencer, ó fuese que la
santidad de la causa que yo defendia no diese la

suficiente elocuencia á mi palabra, de suyo poco
persuasiva, es lo cierto que tuve que callarme
porque creí que mis compañeros de viaje me comian vivo.

—¿No saben Vds. lo del tio Interés? preguntó
un labrador gordo, alegrote, malicioso y decidor,
que era de los que más parte habian tomado en
la disputa, animado sin duda por las frecuentes
caricias que tras un «¿Ustedes gustan?» hacia á
una enorme bota que asomaba la gaita en sus alforjas.

—No señor, le contestamos todos.

Y yo, que doy á las narraciones y cuentos populares la importancia que se les dá en todos los
paises cultos donde se las recoge, imprime y estudia como documentos preciosos para conocer la
historia y el espíritu popular, uní mis ruegos á
los de mis compañeros para que el labrador con-
tase lo del tio Interés, que, en efecto, nos contó
sustancialmente en estos términos:

II.

«En un pueblo de Castilla, cuyo nombre no
viene á cuento, vivian tres sugetos muy conoci-

dos por la singularidad de su carácter que bas-
tarán á dar á conocer·los apodos con que eran
conocidos y uno de los rasgos más característicos
que se atribuia á cada uno de ellos.

Del tio Interés se contaba que cuando el sastre
le tomaba medida para hacerle ropa, se encogia
conteniendo el aliento para que se necesitase ménos tela.

Del tio Justicia se aseguraba que, siendo alcalde del pueblo, se prendió á sí mismo y se tuvo
una porcion de dias en el cepo.

Y, por último, del tio Buenafé se decia que á
las sociedades de crédito se le daba.

III.

El tio Interés, el tio Justicia y el tio Buenafé
se encontraron un dia en la calle y trabaron conversacion.

—¿Cómo va, tio Interés, cómo va con estos
tiempos?

—¿Cómo quiere Vd. que me vaya, tio Justicia,
sin ganar un cuarto con las bárbaras cosechas
que hay todos estos años?

—¿Qué, las buenas cosechas le perjudican á
usted?

—¡No me han de perjudicar, hombre! Cuando las cosechas eran malas tenia uno á porrillo labradores á quienes prestar dinero al ciento por ciento de interés; pero desde que son buenas, ni sin interés hay quien tome un cuarto.

—Hombre, me alegro de que le suceda á usted eso, porque es justo que los labradores cojan el fruto de su trabajo, y es una picardía que los usureros como Vd. engorden con su sudor.

—Soy de la misma opinion que Vd., tio Justicia, dijo el tio Buenafé.

—¡Vayan Vds. donde se fué mi dinero con sus escrúpulos de monja! exclamó el tio Interés muy quemado.

—Tio Interés, no se enfade Vd., hombre, dijo el tio Justicia, que en este mundo todos debemos desear el bien de los más y sentir el mal de los ménos.

—Y además, añadió el tio Buenafé, cuando Dios dá para Vicente, dá para el vecino de enfrente. ¿Cómo Vd., que estudia con el enemigo malo para sacar partido de todo, no ha encontrado medio de sacarle de las buenas cosechas que hay estos años?

—Ya le he encontrado; pero para eso se necesita más capital que el que yo tengo.

—Esplíquese Vd., que quizá le podamos ayudar el tio Justicia y yo, pues gracias á Dios nos quedan algunos miles de reales de lo que hereda-

mos de nuestros padres, aunque hemos perdido
mucho, el tio Justicia por no querer pasar por
cosas injustas y yo por fiarme de pícaros.

—Pues el medio que yo encuentro de sacar
partido de las buenas cosechas que hay estos
años consiste en dedicarse á comprar granos en
Castilla, donde abundan, y venderlos en Andalucía, donde escasean. ¿Qué le parece á Vd. la idea,
tio Justicia?

—Hombre, me parece buena y como tal la
acepto con tal que procedamos con rectitud.

—¿Y á Vd., tio Buenafé?

—Digo lo que el tio Justicia: la idea me parece buena y me conformo con ella siempre que la
buena fé sea la base de nuestra especulacion.

IV.

El tio Interés, el tio Justicia y el tio Buenafé
se asociaron para comerciar en trigos. Las bases
de la sociedad fueron las siguientes:

1.ª El capital habia de ser de 60.000 reales,
poniendo cada sócio 20.000.

2.ª Cada sócio habia de tener un distrito fijo
en Castilla para la compra de trigos y otro tam-

bien fijo en Andalucía para la venta, á cuyo efecto se dividia á Castilla en tres distritos y á Andalucía en otros tres.

Y 3.ª Al cumplirse el año, los tres sócios se habian de reunir en Madrid y repartirse por partes iguales los fondos que resultase tener la sociedad, hubiese disminuido el capital ó hubiese aumentado.

Constituida así la sociedad, cada sócio tiró por su lado y..... manos á la obra, á comprar barato y vender caro, que es el sencillísimo problema á cuya resolucion se concretan los cálculos del comercio.

V.

Espiraba el año y el tio Interés, el tio Justicia y el tio Buenafé tomaron el camino de Madrid para repartirse por iguales partes los fondos de la sociedad y dar esta por disuelta.

El tio Interés llegó el primero, ansioso de ver á cuánto ascendia su parte de ganancias, que creia fuese grande, suponiendo que sus consócios las habian realizado aún mayores que las suyas, á pesar de que las suyas eran grandes, cosa que no le parecia al tio Interés, que en materia de ganancias todo lo tenia por poco.

Impaciente al ver que sus consócios no llegaban, determinó salirles al encuentro. En las llanuras de la Mancha encontró al tio Justicia y le hizo dos preguntas.

—¿Qué tales son las ganancias de Vd.?

—Hombre, regulares.

—¿Y dónde queda el tio Buenafé?

—Muy atrás debe quedar aún.

El tio Interés siguió su camino hasta dar con el tio Buenafé.

Encontróle á la banda de allá de Despeñaperros y se apresuró á preguntarle qué tal venia de ganancias.

—Malísimamente, contestó el tio Buenafé. Por fiarme de todo el mundo y proceder como Dios manda, no solo no he realizado ganancia alguna, por más que me he matado á trabajar, sino que he perdido la mayor parte del capital que he manejado.

El tio Interés se puso hecho un toro al oir esto; pero aparentó tranquilizarse y emprendió la vuelta con el tio Buenafé.

Conforme caminaba, el tio Interés decia para sí:

—Con arreglo á lo convenido, en Madrid haremos un monton del dinero que llevamos los tres sócios, y lo repartiremos por partes iguales; de modo que la misma cantidad me tocará á mí, que he duplicado la parte de capital que he manejado que á este estúpido de tio Buenafé que, lejos de ganar, ha perdido. Esto no puede quedar así.

Y faltándole del todo la paciencia con estas amargas reflexiones, al pasar por el despeñadero, que da nombre á aquella cordillera, porque es donde en-tiempo de los moros se despeñaban voluntariamente los que no creian en Dios (calificados muy propiamente de perros por los mismos moros), cogió por la embragadura al pobre tio Buenafé, y despues de arrancarle la mermada bolsa, ¡cataplum! le lanzó al precipicio, donde se hizo pedazos.

VI.

El tio Interés llegó á Madrid y se dirigió á la posada donde esperaba á sus consócios el tio Justicia.

—¿Qué, viene Vd. solo? le preguntó este admirado de ver que no llegaba con él el tio Buenafé. ¿Y el tio Buenafé, dónde queda?

—El tio Buenafé, no solo no ha ganado nada, sino que ha perdido la mitad de los fondos que ha manejado, y como con razon se le cae la cara de vergüenza por su mala suerte, ó, mejor dicho, por su tontería, me ha dado el poco dinero que traia y dice que renuncia su parte y ni aun quiere presentarse delante de nosotros. Conque, ea, vamos á reunir todos los fondos y á repartirlos entre los dos, que así nos tocará más.

—Eso no lo consiento yo, exclamó muy incomodado el tio Justicia. Al tio Buenafé, haya perdido ó haya ganado, le corresponde igual cantidad que á cada uno de nosotros.

—Hombre, no sea Vd. tonto.....

—¡Hombre, no sea Vd. injusto!

Que si ha de ser, que si no ha de ser, en estas y las otras, el tio Interés, que buscaba medio de quedarse con todo, sacó con mucho disimulo la navaja y le tiró al tio Justicia un navajazo que le echó un ojo fuera.

El tio Justicia echó á correr, y viendo que el tio Interés le perseguia navaja en mano, le arrojó la bolsa, y á esto debió su salvacion, pues el tio Interés se bajó á cogerla, y así pudo escapar el pobre tio Justicia.»

VII.

Al llegar aquí el labrador, sacó la bota y le dio un beso tan prolongado, que no pude menos de preguntarle impaciente:

—¿Y qué ha sido del tio Interés y del tio Justicia?

—Hace pocos dias pasé por su pueblo, y acordándome de ellos, hice esa misma pregunta á una mujer que estaba lavando ropa en un arroyo.

—El tio Interés, me contestó, bien rico y gordo está, mal año para él. En cuanto al tio Justicia, alcalde del pueblo es ahora.

—¿Pero está bueno?

—Le falta, con perdon de Vd., el ojo derecho.

Y queriendo sonsacar á aquella buena mujer lo que se opinaba en el pueblo del crímen de Despeñaperros.

—¿No hay en este pueblo, la pregunté, un sugeto llamado por mal nombre el tio Buenafé?

—Buenafé... contestó procurando recordar, Buenafé... ¡ah! ya no existe.

Calló el labrador y callamos todos por un instante, y el señor cura interrumpió al fin el silencio diciendo:

—Ese cuento prueba que si el pueblo pagano tenia símbolos y mitos para representar sus vicios y sus virtudes, tambien el cristiano pueblo español los tiene, y muy discretos y significativos.

FIN DE EL TÍO INTERÉS.

EL CURA NUEVO

I.

Esto debió suceder hace más de un siglo, pues fué en tiempo de mi bisabuelo materno Agustin de Garay, quien lo contaba á mi abuela, que á su vez lo contaba á mi madre, como esta me lo contaba á mí, bien distantes todos por cierto de que en letras de molde se lo habia de contar yo al público.

Era hácia fines del mes de Julio; por más señas, un sábado al anochecer. Los vecinos de Montellano, conforme dejaban las heredades donde andaban en la siega del trigo y la *resalla* de la borona, se iban reuniendo en el campo de Acabajo, uno de los cuatro barrios en que se divide aquella aldea de veinticinco vecinos.

Aquel campo, donde hoy existe una ermita dedicada á San Antonio Abad, abogado de los animales, era entónces mucho más espacioso que

ahora, porque despues le han ido invadiendo y es-
trechando las codiciosas heredades hasta el punto
de faltar poco para que digan á la ermita, la era y
los nogales que aún quedan en él: «á ver si os
quitas de ahí, para que nosotras nos ensanchemos
un poquito más;» como que llegaba hasta la Fuente fria que hoy está separada de él por una estra-
dita que corre entre heredades.

No era solo el deseo de refrescar en la fuente
lo que reunia allí entonces á los vecinos de Montellano, sino una novedad de las más grandes de
la aldea: subia ya por el castañar de Traslacueva,
acompañado de un hermoso perro de caza y montado en el caballito de San Francisco, el cura nuevo,
y los vecinos, ansiosos de conocerle y saludarle,
se reunian y le esperaban en el campo de Acabajo,
donde sin duda se detendria un rato á descansar
antes de subir por la llosa del Portal al barrio de
las Casas, en el que mi bisabuela Magdalena de
Umáran le tenia preparado provisional hospedaje,
que consistia en el mejor cuarto de la casa, lin-
damente blanqueado la víspera por mi bisabuelo
con una caldera de lechada de cal distribuida
hasta en el techo con ayuda de una brocha de
brezo.

Cuando apareció en el campo el señor cura, todos los vecinos que estaban sentados en las cañas
(ó varas) de los carros ó en las raices de los nogales, se levantaron respetuosamente y salieron á

su encuentro, le saludaron y le invitaron á descansar en el asiento de preferencia, que eran las
susodichas cañas.

El señor cura, mostrándose muy agradecido y
afable, aceptó aquel asiento, y el perro se tumbó
á sus pies.

Era tan jóven, que apenas aparentaba la edad
necesaria para ordenarse de misa, y así que dirigió algunas palabras á sus feligreses, estos quedaron prendados de su finura, de su piedad y de
lo que ellos calificaron desde luego de su sabiduría. Hacia algunos instantes que le escuchaban
como embobados, cuando sonó el toque de oraciones en la parroquia de Santa María, que blan-
queaba solitaria á través del ramaje de los castaños, allá arriba en la cuesta entre los cuatro barrios de la aldea, y el señor cura, descubriéndose la
cabeza, en lo que le imitaron todos los hombres, empezó á dirigir las Ave-Marías, intercalando las cor-
respondientes oraciones en latin, que enamoraron á
hombres y mujeres, aunque por supuesto no en-
tendian los pobres más que el castellano y ese
salpicado de vasconismos, pues á la sazon todavía se hablaba el vascuence en la cordillera del
concejo de Galdámes (á que pertenece Montellano)
confinante con Baracaldo y Gueñes.

El señor cura, no contento con rezar las tres
Ave-Marías, les añadió una porcion de Padre
nuestros á diferentes santos y con diferentes in-

tenciones, todas ellas muy piadosas, lo que prolongó aquella laudable ocupacion cerca de media hora, que le dió ocasion de conocer la piedad de sus feligreses, pues solo uno de ellos se durmió, á pesar de que todos habian madrugado y estaban como quien dice reventados de trabajar.

Así que terminó el rezo, el señor cura se dispuso á continuar su camino acompañado de mi bisabuelo, de otros vecinos del barrio de las Casas y por supuesto del perro; y en efecto, despidiéndose afabilísimo de los de los otros barrios, saltó con su acompañamiento el seto del Portal y continuó llosa arriba á la luz de la luna que acababa de asomar como una gran rueda de fuego sobre la cúspide calcárea del Ereza.

—¡Jesús, qué señor cura tan sábio, tan santo y tan cariñoso nos ha traido Dios! exclamó conmovida y entusiasmada una de las mujeres cuando el señor cura se alejaba llosa arriba.

Y hombres y mujeres, no ménos conmovidos y entusiasmados, corroboraron su opinion, menos un mozallon conocido por Antonazas el de Seldortun, que era el que habia estado dando cabezadas mientras rezaba el señor cura, y se contentó con dar un gran bostezo desperezándose brutalmente.

—¡Este Antonazas siempre ha de ser el mismo! exclamó disgustada la buena mujer que habia tomado la iniciativa en aquel elogio. ¿Qué, no te gusta el señor cura nuevo?

—El señor cura nuevo, contestó Antonazas dando otro bostezo, me parecería al *ólio* si no fuera tan pesado; pero ¡porrazo! lo es más que el mazo de la ferrería del Pobal!

Todos los vecinos y vecinas hicieron heróicos esfuerzos para disculpar la pesadez del señor cura; pero convinieron con Antonazas en que los vecinos de Montellano no estaban acostumbrados á dedicar media hora á la salutacion del Angel.

II.

Entre los barrios del Seldortun y el Avellanal, que distan entre sí como un millar de pasos, hay una caverna conocida con el nombre de cueva de la Magdalena. Por esta caverna pasa una vena de agua que, brotando un poco más abajo, daba movimiento en el siglo pasado á una aceña que en mi niñez estaba arruinada y se reedificó convirtiéndola en molino con rodetes horizontales. Este molino, á pesar de ser el único posible en la aldea que situada en la ladera del monte no tiene raudal de agua más abundante que aquel, molió por muy poco tiempo, y hoy, deshabitado y caidas sus puertas, solo sirve para inspirar pavor á los que por allí pasan y para que en la canícula, cuando pica la mosca al ganado que pasta sin guarda (como es uso y costumbre en Vizcaya donde el guarda principal de todo es el sétimo mandamiento de la ley de Dios) en aquellos sombríos castañares, sestee en él.

El molino quedó abandonado, no tanto por la escasez de agua (que si en toda estacion era suficiente para mover la rueda de madera de la antigua aceña, no lo era en verano para mover los rodetes de hierro, á ménos de moler á represas), como porque el molinero que en él establecieron sus dueños los Sangineses, vecinos de la aldea y á quienes esta debe hoy beneficios dignos de mucho agradecimiento, empezó á dejarse dominar de tan supersticiosos terrores, que le hicieron abandonar aquella soledad.

Algo impropio es llamar soledad al sitio que ocupa el molino, puesto que apenas canta un gallo en la aldea sin que desde el molino se oiga, y hasta recuerdo que la última tarde que yo pasé por allí, desde el *camarado* percibí el aroma de unas magras que en cierta casa de más arriba empezaba á freir una buena montellanesa, que me habia visto subir y se habia propuesto no dejarme pasar por su puerta sin que me detuviera á merendar; pero es allí tan profunda y estrecha la cañada y la arboleda tan espesa y frondosa y el torrente tan ruidoso por lo quebrado y pendiente de su lecho, que aun en pleno dia suelo yo mismo sentirme sobrecogido de pavor al pasar por allí, no sé si por la naturaleza del sitio ó por el recuerdo de las medrosas consejas que en mi niñez oí contar de aquel vallejuelo.

Cerca de la cueva de la Magdalena existió, hasta bien entrado este siglo, una ermita de la misma advocacion, que antiguamente debió ser muy venerada, pues en los libros de la parroquia, que empiezan á fines del siglo XV, aparece que se imponia el nombre de la pecadora arrepentida á muchas niñas de la aldea. Esta devocion fué cesando hasta el punto de que la ermita, cuyas ruinas apenas se distinguen hoy, se estaba cayendo. Una sencilla mujer tomó un dia la imágen de la santa titular creyendo no ser decoroso que permaneciese allí, y la llévó á la parroquia. El señor cura, D. Francisco Hurtado de Saráchu, de quien recibí el bautismo (¡canario, qué dato para la historia!) la obligó á devolverla, entendiendo que no era lícito hacer tan sin ceremonia la traslacion, y la hizo él procesionalmente, arruinándose poco despues la ermita.

Como la imágen era increiblemente tosca y además de esto estuviese muy maltratada por los años (quizá por los siglos) y la intemperie, creyó el párroco que no debia colocársela en la iglesia á la veneracion pública y la trasladó al campanario.

Allí la encontramos José-Mári (1) y yo hace
tres años, en una de nuestras frecuentes escapato-
rias á la alegre y amada aldea de nuestra infancia, y pensando, no ya solo como cristianos, sino
tambien un poquito como poetas, como artistas y
como filósofos, digimos:

—¿Que es rústica y sencilla esta imágen hasta
el punto de recordar la rusticidad y sencillez de
los pobres pescadores del mar de Galilea á quienes Jesús escogia para predicar el Evangelio de
Dios á las gentes de buena voluntad? ¿Que los
siglos y los ósculos y la humedad de las lágrimas
de la fé la han deteriorado? ¡Qué importa eso!
¡Imágen de una santa ó simplemente leño bendito
en que generaciones enteras han fijado los ojos
inundados de lágrimas y de donde han manado
para ellas inefables consuelos, tú debes ser objeto
sagrado, bien te contemplemos con los ojos de la
fé, bien con los de la filosofía ó bien con unos y
con otros!

Y pensando y sintiendo así, José-Mári trajo á
Bilbao la imágen, la hizo pintar y aderezar un
poco sin que perdiera su primitiva fisonomía, y
la colocó en uno de los retablos parroquiales donde los nietos de los que buscaron amparo y consuelo en la proteccion de María Magdalena, han

(1) D. José María de Abásolo, compañero de mi niñez, más
modesto, más hombre de bien, más laborioso y más poeta que yo,
aunque nunca ha hecho versos.

vuelto á buscarlos en el culto del sencillo y sagrado simulacro que adoraron sus abuelos.

Ya veremos cómo algo de todo esto que parece aquí impertinente viene muy á cuento para la mejor inteligencia de lo que contaré más adelante, y aunque no viniera, ningun lector sensato me culparia por haberme entretenido en estas digresiones, porque, ¿quién puede llevar á mal que el que pasa por junto á la casa donde nació y la iglesia donde le hicieron cristiano y los árboles á cuya sombra jugó cuando niño y el osario donde están los huesos de sus abuelos se detenga un poco, como yo me he detenido á meditar, á recordar, á rezar y á narrar alguno de sus recuerdos? Nunca, pobre aldea mia, jugó á la sombra de tus nogales y tus castaños, hasta que yo jugué, quien hubiera de escribir libros. ¡Cómo yo que los escribo, aunque malos, no he de consagrarte en ellos algunas páginas!

III.

El pueblo no gusta de curas que en el desempeño de su sagrado ministerio pequen de ménos ó de más. Por eso ha inventado la frase «en ménos

que se persigna un cura loco,» y aunque no haya
inventado otra contra las misas largas, la suple
asistiendo de mala gana ó no asistiendo á ellas.

Segun las autoridades eclesiásticas más com-
petentes, la misa rezada no debe durar ménos de
veinte minutos ni más de treinta. Yo conozco
una aldea de Vizcaya de gente tan morigerada y
piadosa como trabajadora y sencilla á donde no
há muchos años fué un cura nuevo que se hizo
en poco tiempo objeto de la animadversion de sus
feligreses hasta el punto de tener que trasladarle
el señor obispo á otro curato, y todo á pesar de
ser celosísimo en el desempeño de su ministerio.
Las faltas que le achacaban sus feligreses eran
dos: la primera que hasta los dias de trabajo,
despues de emplear cuarenta minutos en la misa
rezada, empleaba otros veinte en lecturas morales
ó exortacion oral desde el púlpito; y la segunda,
que para reprender los vicios de aquella aldea
encarecia las virtudes de la suya, privando con
lo primero al vecindario de un tiempo que le era
indispensable para el trabajo y mortificando con
lo segundo su patriotismo, pues con razon se ha
dicho que las comparaciones son odiosas.

El cura nuevo de Montellano no incurria ni
por asomo en la segunda de estas faltas; pero sí
algun tanto en la primera. Empleaba una mitad
de tiempo más de lo ordinario en la misa y demás
oficios parroquiales; pero era su piedad tan since-

ra y tan laudable su celo por el bien espiritual y material de sus feligreses, que estos estaban muy contentos con él, y aunque convinieran en que era algo *pesado*, se conformaban con esta *pesadez* y afeaban la conducta de Antonazas, que siempre se estaba quejando de ella.

Precisamente Antonazas era el vecino de la aldea que ménos necesidad tenia de escatimar tiempo al cumplimiento de los deberes religiosos, por la sencilla razon de que era el vecino más rico; pero como su lógica iba siempre al revés, precisamente esta era la razon por que le escatimaba. En aquel tiempo era costumbre en Montellano oir misa los trabajadores el dia de labor como el dia festivo, ya fuesen jornaleros ó ya se ocupasen en las faenas propias, y como Antonazas tenia continuamente jornaleros, porque era el que más tierras labraba, y las labraba todas con manos agenas, de aquí el que le doliese más que á nadie el que las misas del cura nuevo fuesen ménos breves que las del cura viejo.

Antonazas era muy tonto y terco, y agravaba esta cualidad con la de ser muy presumido de discreto.

—Para los que tenemos un poco de talento, solia decir, no hay cosa imposible en el mundo, porque con el talento todo lo conseguimos.

El domingo, despues de misa (que era á las diez), solian los muchachos armar un partido de pelota, sirviéndoles de fronton la pared que sustenta el campanario, y mientras las mujeres, despues de doblar la mantilla de franela y colocarla sobre la cabeza á guisa de quita-sol, se apresuraban á ir á casa para activar y preparar la comida, los hombres se quedaban á presenciar el partido y echar una pipada sentados bajo los enormes castaños que sombrean la esplanadita de junto á la iglesia, hasta que sonaban las doce, á cuya señal el juego concluia y todos se dirigian por aquellas arboledas, como ellos decian, en busca de la puchera.

No faltaba nunca Antonazas en esta reunion, donde él era el que principalmente llevaba la palabra, pretendiendo ser la autoridad suprema é inapelable, así en los incidentes del juego como en los demás asuntos de la aldea que allí se discutian.

El que más parecia preocupar á Antonazas, pues apenas sabia este hablar de otra cosa, era el de la pesadez del cura nuevo.

—Para vosotros que no teneis pizca de talento, decia un domingo, no vale nada que el señor cura gaste cada día una hora en lugar de media en las cosas de la iglesia; pero para los que le tenemos, vale mucho. Y si no voy á haceros la cuenta de la vieja, porque á vosotros hay que meteros las cosas con cuchara. Ven acá tú, Pítis, que entiendes mucho de cuentas, y con un carbon haz en esa pared las que yo te diga.

Pítis, que era un chico muy vivaracho, hijo de Quicorro el de la aceña de Seldortun, se apresuró, lleno de orgullo, á buscar un carbon en un *torco* .inmediato (1) y se acercó á la blanca pared de la iglesia, carbon en mano, dispuesto á hacer las operaciones aritméticas que Antonazas le indicase.

—Montellano, continuó Antonazas, tiene veinticinco fogueras, que calculándole á cada una cinco personas, hacen.....

—Ciento veinticinco personas, añadió Pítis despues de multiplicar 25 por 5.

—Algunas de esas personas no oyen misa más que los dias de fiesta y media fiesta; pero las demás la oyen todos los dias. Calculemos que los que la oyen todos los dias son ciento y veamos cuántas son las misas que todas esas personas han oido al cabo del año. A ver, Pítis, cómo te compones para averiguarlo.

Pítis se apresuró á multiplicar 365 por 100, y dijo:

—Son 36.500 misas las que al año ha oido toda la gente de Montellano.

—¡Bien, Pítis; eres un gran contador! Ahora tenemos que ver cuántas horas de trabajo ha perdido esa gente por hacerle el señor cura gastar cada dia media hora más de lo regular en las cosas de la iglesia.

---

(1) *Torcos* son las esplanaditas que se encuentran á cada paso en las arboledas y monte bajo, hechas para carbonizar la leña.

—La mitad de 36.500 son 18.250, dijo Pítis
tras una nueva operacion aritmética, ó, lo que es
lo mismo, la gente de Montellano gasta de más
en la iglesia 18.250 horas al año.

—¡Está al *ólio* ese cálculo! Este Pítis merece
dos cuartos para una libra de cerezas. Allá van.

Así diciendo, Antonazas tiró dos cuartos al
chico, y este, despues de cogerlos al vuelo brillán-
dole los ojos de alegría, se apresuró á emplearlos
en una libra de cerezas que vendia una mujer al
pie de un castaño y que recogió en el *seno* de la
camisa.

Pítis, ocupada una mano con el carbon y la
otra en moverse desde el seno á la boca, se apro-
ximó de nuevo á la pared para proseguir las operaciones aritméticas.

—Amigo Pítis, ya vamos concluyendo nuestra
tarea, le dijo Antonazas. Al dia las horas útiles
de trabajo se pueden calcular, por término medio, en diez, y, por consiguiente, hay que ver
cuántos dias de diez horas, ó, lo que es lo mismo,
de trabajo, hacen esas 18.250 que los montellaneses empleamos de más al año en la iglesia por la
pesadez del señor cura nuevo.

—Hacen 1.825 dias.

—¿Lo veis, brutos, lo veis? ¡El señor cura nuevo
nos roba al año, como quien no dice nada, 1.825
dias de trabajo real y positivo!

—¡Parece mentira! exclamaron santiguándose

de admiracion todos los circunstantes, menos mí
bisabuelo.

—Pues no hay mentira que valga. Y ahora,
¿creeis que debemos estar muy satisfechos con
que el señor cura nuevo quite á Montellano cada
dia cincuenta horas de trabajo, que eso es lo que
resulta tambien de los cálculos que hemos hecho?
Estos cálculos no fallan, porque si son cien personas las que cada dia vienen á la iglesia y á cada
una le hace perder media hora de trabajo, claro
está que la pérdida de todos es de cincuenta horas al dia.

Mi bisabuelo, que estaba presente, no era más
perspicaz ni discreto que sus convecinos; pero
habia tomado tal afecto al señor cura nuevo y
habia formado tan ventajosa idea de su piedad y
sabiduría en los pocos dias que le habia dado
hospitalidad hasta que le dispusiesen casa propia,
que no podia creer que fuesen exactos los cálculos de Antonazas. Viendo que no encontraba en
lo humano medio de desmentirlos, pues no le ocurria siquiera la aclaracion de que los 1.852 dias de
trabajo eran de una sola persona, hizo un esfuerzo supremo para encontrarle en lo divino.

—¿Qué dices tú á esto, Agustin, que estás tan
callado? le preguntó Antonazas.

—Digo, contestó mi bisabuelo levantándose profundamente disgustado de que con tan mezquinos
cálculos se rebajase la estimacion y el respeto

10

debidos al señor cura, digo que si el señor cura nos quita algun tiempo para trabajar por los bienes de la tierra, es para dárnosle para trabajar por los bienes del cielo.

Y así diciendo, tomó castañar adelante con direccion á las Casas, donde ya he dicho que estaba la suya.

La semilla de la duda que dejaba sembrada en el campo de las falsas afirmaciones de Antonazas brotó inmediatamente, y Antonazas sudó para desvirtuarla, lo que aun así no consiguió por completo.

Sonaron las doce, y la controversia se interrumpió para prepararse cada cual á tomar el camino de su casa.

—Pero oye, Antonazas, dijo uno de los vecinos, ¡para qué nos hemos de romper la cabeza con estas disputas! Si tú crees que es un mal para Montellano el que el señor cura nuevo sea más pesado que el anterior, ¿por qué no pones pies en pared y lo remedias, ya que te precias de tener talento y aseguras que con el talento se consigue todo en este mundo?

—Sí que los pondré y lo remediaré, ¡porrazo! contestó Antonazas con la vanidad del necio y la saña del pobre diablo que presume ser infalible y vé dudar de su infalibilidad.

Aquella misma tarde, cuando la gente salió del rosario, y, segun costumbre, se esparció por los

alrededores de la iglesia para solazarse, los casa-
dos chupando su pipa y hablando de sus parejas
de bueyes y sus heredades, las casadas de sus
maridos y sus hijos y sus faenas domésticas, y los
solteros, unos jugando á la pelota ó á los bolos y
los demás bailando con las muchachas al son de
la pandereta, Antonazas, acompañado de algunos
vecinos, entre ellos mi bisabuelo, se sentó en el
pórtico renovando la cuestion de la pesadez del
cura nuevo.

Cuando salió este de la iglesia para dirigirse á
casa, los saludó afectuosamente, y todos se levantaron para contestar á su saludo ,menos Antonazas, que, no contento con esto, interrumpió los
saludos que se cruzaban entre el párroco y los vecinos, diciendo al primero:

—Señor cura, una cosa le tengo que decir á
usted, y perdone que sea el más atrevido de
todos los de Montellano, porque como aquí ninguno tiene pizca de talento sino yo, aunque me
esté mal el decirlo, ¡quién ha de decir las cosas
si no las decimos los que tenemos un poco de esplicacion!

El señor cura se sonrió benévolamente de la
presuncion de Antonazas.

—Veamos, Anton, qué es lo que Vd. tiene que
decirme.

—Pues nada, es que aquí para vivir tenemos
que trabajar mucho y aún así no nos alcanza el

trabajo. El dia de fiesta, es verdad, no trabajamos en las heredades, pero no faltan en casa enredillos en que hay que aprovechar el tiempo.

—No entiendo lo que Vd. quiere darme á entender, Anton.

—Yo me esplicaré, señor cura, que á Dios gracias esplicaderas no me faltan. Pues queria decirle á Vd. que santo y muy bueno es pasar el tiempo en la iglesia, pero así ni el dia de trabajo se labran las piezas ni el dia de fiesta se cuida el ganado.....

—Sigo, amigo Anton, sin comprender á dónde va Vd. á parar.

—Voy á parar, señor cura, á decirle á Vd. en mi nombre y el de todos los vecinos de Montellano.....

—En mi nombre no, exclamó mi bisabuelo incomodado y alejándose del pórtico.

—Queria decirle á Vd. que el otro señor cura, que esté en gloria, tardaba la mitad que Vd. en las cosas de la iglesia.

—Anton, el señor cura á quien he sustituido sin merecerlo, pues sé que me aventajaba mucho en virtud, saber y celo sacerdotal, emplearia en el desempeño de su ministerio el tiempo que su conciencia le señalaba, como yo empleo el que me señala la mia.

—Pero el caso es, señor cura, que Vd. emplea cada dia lo ménos media hora más que él, y así

resulta que entre todos los de Montellano perde-
mos al dia cincuenta horas de trabajo que usted
nos roba.....

—Anton, exclamó el señor cura un poco incomodado, respete Vd., ya que no al hombre, al
sacerdote.

—Hola, señor cura, ¿conque se incomoda usted porque le dicen la verdad? Pues ¡porrazo!
aguántese ó no nos obligue á decírsela.

El señor cura, comprendiendo que era inútil y
depresivo de su dignidad el altercar con aquel
pedazo de bestia, se apresuró á dar las buenas
tardes á los del pórtico y tomó el camino de su
casa pensando cuánta paciencia y cuánta pru-
dencia necesitan los que ejercen una mision pu-
ramente espiritual en los campos donde, si abundan las sencillas, puras, suaves y aromáticas
flores, tambien crecen entre ellas los punzantes,
ásperos é inodoros cardos.

IV.

La aceña de Seldortun era en invierno y en
verano el mentidero de la aldea. Generalmente
los molineros de Vizcaya recogen en las casas y
devuelven á las mismas molido el grano que se-
manalmente consume la familia; pero en Montellano no sucedia así, porque estando la aceña casi
en mitad de la aldea y distando poco entre sí los

cuatro barrios de que esta se compone, las vecinas iban una vez á la semana á la aceña con el
zurron en la cabeza, esperaban á que se le moliera
y volvian con.él convertido en harina, que inmediatamente cernian, amasaban y cocian en el
horno que toda casería tiene al lado. Así era que
en todo tiempo y á toda hora, lo mismo de dia
que de noche, siempre habia mujeres y aún
hombres en la aceña de Seldortun esperando la
molienda, bien dentro, en el saloncillo de las tol-
vas, ó bien en la portalada á la que daban sombra dos enormes castaños, á cuyo pie habia asientos hechos con muelas rotas.

Era por el mes de Agosto y apretaban los ca-
lores, y, sin embargo, despues de anochecer desapareció de la portalada la tertulia trasladándose
al saloncillo interior, donde todos hablaban en voz
baja y no se oian las alegres carcajadas de costumbre.

Mi bisabuela Magdalena era una de las mujeres que aquella noche estaban en la aceña, y á
esta circunstancia se debe el haber llegado á mi
noticia lo que allí se habló, porque, como ya he
dicho, ella se lo contó á mi abuela Agustina, mi
abuela á mi madre Marta y mi madre me lo contó á mí como si presintiera que yo estaba destinado á escribir libros que ilustrasen al mundo
con narraciones tan trascendentales y luminosas
como estas.

—Pero, señor, exclamó la aceñera mirando tímidamente por una ventanilla que daba al camino que haciendo tornos descendia de junto á las
casas de Seldortun casi tocando en el borde de
la cueva de la Magdalena, ¡dónde estará ese enemigo de chico! Hace dias que no se puede hacer carrera de él, hoy que va aquí, mañana que va
allí, otro dia que va acullá. Hoy, despues de comer, dijo que se iba á las laderas de Llangon á
ver si la cabra que nos faltó dias pasados estaba
con las de Talledo ó Baltezana, y ni viene ni
parece.

—Ese, dijo su marido Quicorro, ha bajado tarde, y, no atreviéndose á pasar por la cueva de la
Magdalena, se ha quedado á dormir en la cabaña
de los carboneros de allá arriba. ¡Estamos bien los
de Seldortun, y particularmente los de la aceña
con el padrastro de la tal cueva y con la terque-
dad del señor cura nuevo en no querer venir á
conjurar el espanto ni hacer caso de lo que el espanto dice!

—¿Pero vosotros creeis que tal espanto haya en
la cueva de la Magdalena? preguntó mi bisabuela en voz bastante baja para hacer dudar de la
tranquilidad de su espíritu.

—¡Pues no lo hemos de creer! contestaron todas
las mujeres.

—¡Que me lo pregunten á mí! añadió una de
ellas. No sé cómo no me caí muerta al oirle. Al

pasar por el Avellanal, me dijeron: «Mira, anochece ya, y es mejor que vayas á la aceña castañar abajo aunque te espongas á rodar con el zurron por la cuesta, porque si vas por la cueva de la Magdalena, de seguro oyes el espanto». Dejadme de espantos, que yo no creo en ellos, contesté, y seguí el camino de Seldortun; pero nunca tal hubiera hecho, porque al acercarme á la cueva para tomar los tornos de la bajada, oigo hácia la cueva un silbido como para reclamar mi atencion; me paro, escucho, y en seguida oigo una voz quejumbrosa y triste que sale de la cueva y me dice:

—Yo soy el alma del cura viejo, que aun déspues de muerto se desvive por el bien de los montellaneses, y de parte de Dios te mando que vayas al cura nuevo y le digas que si sigue robando á los montellaneses cincuenta horas de trabajo cada dia, van á venir sobre Montellano muchos males, y él será responsable de ello en este mundo y en el otro.

—¡Jesús, qué miedo! exclamaron las mujeres y los hombres apiñándose como buscando proteccion unos en otros.

—¿Y vas á hacer el encargo del espanto? preguntaron muchos de los circunstantes á la espantada.

—¿Pues qué he de hacer si no? En cuanto amanezca me voy á ver al señor cura y se lo digo.

—Pero el señor cura no te hará caso, replicó mi bisabuela, porque cuando esta mañana le fué la Cana de Acabajo conque anoche al venir á la aceña le habia encargado el espanto lo mismo que á tí te ha encargado esta noche, el señor cura se echó á reir y le dijo que no la absolveria cuando se fuera á confesar si seguia creyendo en tales supersticiones.

—Pues haga el señor cura lo que haga y dígame lo que me diga, yo cumplo con ir á verle y decirle lo que pasa, y mañana antes de ponerme á cerner iré y se lo diré.

En estas conversaciones y estos temores estaba la gente de la aceña, cuando llamaron á la puerta y todos se estremecieron de espanto.

—¿Quién es? se atrevió Quicorro á preguntar.

—Abra Vd., padre, contestó Pítis con voz desmayada.

Quicorro se apresuró á abrir, y Pítis se precipitó dentro, todo descompuesto y asustado.

—¿Qué es eso, hijo? le preguntó su madre sobresaltada mientras su padre no acertaba de miedo á cerrar la puerta.

—¡El..... espanto!.... balbuceó el muchacho falto de aliento y sobrado de terror, cayendo como desfallecido sobre un arca.

—¡Dios nos tenga de su mano! exclamó la aceñera, haciéndola coro, con exclamaciones análogas, todos los presentes.

Al fin el muchacho se repuso un poco y pudo hablar para contar lo que le habia sucedido: lo que le habia sucedido era que habiéndose detenido demasiado en el monte en busca de la cabra, con la que al fin no habia dado, á pesar de haber examinado todos los rebaños de Montellano, Baltezana, Talledo y Lasmuñecas, al pasar por la Magdalena, el espanto le habia hecho el mismo encargo que á los de la molienda.

En estas conversaciones y estos terrores pasó la noche, y tan luego como amaneció, los huéspedes de la aceña tomaron cada cual el camino de su casa con el zurron de harina en la cabeza ó en el hombro.

El señor cura vivia en las Casas, en una contigua á la de mi bisabuelo. Terminados sus rezos, en que se ocupaba desde el amanecer, hora á que comunmente se levantaba, se disponia para ir á la iglesia á decir misa, que el dia de trabajo era á las ocho, cuando se le presentó la buena mujer á quien la noche anterior habia dirigido la palabra el espanto.

El señor cura escuchó con mucha atencion la relacion de la espantada, que la corroboró con la advertencia de que tambien á Pítis habia hablado el espanto y le habia hecho el mismo encargo que á ella.

—¿Y qué hora era, le preguntó, cuando á usted le sucedió eso?

—Un poco despues de anochecer.

—¿Es decir, á la hora en que la noche anterior le sucedió lo mismo á la Cana de Acabajo?

—Sí señor, pero debo advertir á Vd., señor cura, que tambien algo más tarde habla el espanto, porque cuando le habló anoche á Pítis era más tarde.

—Bien, dijo sonriendo el señor cura, eso quiere decir que el espanto no está en casa hasta que anochece. Iremos á esa hora á conjurarle.

V.

Al anochecer de aquel mismo dia se iban reuniendo los vecinos del barrio de las Casas en el hermoso campo poblado de árboles frutales que aun subsiste en medio del barrio, aunque algo mermado á fuerza de tirarle disimulados pellizcos los vecinos para ensanchar cada cual su huerto. Cuando el señor cura vió llegar á mi bisabuelo, le llamó y le dijo:

—Agustin, venga Vd. conmigo para servirme de acólito, que voy á conjurar el espanto de la cueva de la Magdalena.

—Pero, señor cura, le contestó admirado mi bisabuelo, ¿Vd. cree lo del espanto?

—Lo que creo es que debo averiguar lo que en ello haya de cierto.

—Pues vamos allá, señor cura; pero como es

de noche y nadie sabe lo que hay en las cuevas,
por sí ó por no, convendria que no fuéramos con
las manos peladas...

—Ya llevo yo aquí con qué defendernos en caso
necesario, contestó el señor cura señalando un
objeto que abultaba bajo su sotana.

—¿Qué es eso, señor cura?

—El hisopo.

—Ea, pues, voy á tomar el farol y echaremos
á andar.

Mientras mi bisabuelo subia por el farol, el señor cura dió un silbido, é inmediatamente acudió
el perro, que empezó á hacerle fiestas.

El señor cura y mi bisabuelo, con el farol en-
cendido, tomaron el camino de Seldortun prece-
didos de Javalinero, que así se llamaba el perro
por su destreza en perseguir y apresar á los jaba-
líes hasta en las cavernas más recónditas. Como
la distancia desde el barrio de las Casas hasta
Seldortun era lárga, en el camino se les fueron
reuniendo muchos vecinos de los que regresaban
de las heredades, y movidos de la curiosidad ó la
devocion se fueron con ellos. Cuando pasaron por
el barrio del Avellanal, los curiosos ó devotos se
aumentaron notablemente, y al acercarse á la cueva de la Magdalena tambien salió á su encuentro
un grupo de gente de las inmediatas casas de Seldortun.

La cueva de la Magdalena es una gran abertura que penetra horizontalmente en la roca; pero su piso está más bajo que el terreno contiguo á la boca, por lo cual hay que descolgarse cosa de dos metros para penetrar en la cueva.

Mi bisabuelo quiso alargar el farol con objeto de alumbrar el interior de la caverna; pero el señor cura se lo impidió diciéndole:

—Agustin, no se moleste Vd. en eso, que tengo yo un gran registrador de cuevas, y es necesario que registre esta á ver si el espanto está dentro ó ha salido de paseo, en cuyo último caso nos escusamos de malgastar conjuros.

Así diciendo, el señor cura silbó al perro que andaba por allí y que se apresuró á ponerse á sus órdenes.

—¡Javalinero, adentro! gritó al perro señalándole la boca de la caverna.

Y Javalinero se lanzó á la cueva estremeciendo de horror á las gentes que presenciaban la escena, porque no podian concebir que hubiese vicho viviente, aún irracional, capaz de luchar frente á frente con los espantos.

Tras un momento de ansiedad y silencio solo interrumpido por el sordo murmullo del raudal de agua que atravesaba por la cueva para salir más abajo, se oyeron en el interior de la cueva furiosos ladridos del perro y como gritos y ayes de persona humana que lo cóncavo del lugar donde se daban hacia confusos, y no tardó en

oirse otro ruido como el de un cuerpo arrastrado
sobre las piedras sueltas y secas y los huesos de
ganados que cubrian el pavimento del primer
techo de la caverna. Aquel ruido se fué acercando
á la boca de esta, y entonces mi bisabuelo se
adelantó con el farol á cuya luz se vió que
lo que arrastraba Javalinero era el cuerpo de
un muchacho cuya ropa tenia asida con los
dientes.

El señor cura y mi bisabuelo saltaron á la
cueva, gritando el primero al perro:

—¡Javalinero, suelta!

Javalinero soltó y mi bisabuelo exclamó al
reconocer á la luz del farol el cuerpo del muchacho:

—¡Es Pítis, es Pítis, que está desmayado!

Los vecinos lanzaron un grito de sorpresa al
oir esto, y algunos bajaron á ayudar al señor cura
y mi bisabuelo á subir el muchacho.

Fuera este de la cueva, se vió que no tenia
herida alguna.

—¡Agua, agua para rociarle con ella la cara, á
ver si vuelve en sí! dijo el señor cura.

Mi bisabuelo corrió con el farol en la mano á
traer agua en el ala del sombrero de *vertedera*
del manantial procedente de la cueva que brotaba
más abajo de esta.

—¡Esta agua baja ensangrentada! exclamó al
cogerla del manantial.

—¡Ensangrentada! repitieron todos con espanto.

El señor cura volvió á examinar el cuerpo de Pítis, y no encontrando en él lesion alguna, dijo:

—Rocíen Vds. con agua la cara del muchacho, que yo voy con Agustin y Javalinero á averiguar de qué procede la sangre que sale de la cueva.

Y añadió:

—¡Javalinero, adentro!

Y sacando de debajo de la sotana el *hisopo*, es decir, una pistola que amartilló, se lanzó á la cueva precedido del perro y seguido de mi bisabuelo, armado únicamente del farol, cuya luz desapareció en el fondo de la caverna.

Trascurrió otro momento de ansiedad, y al fin se vió reaparecer la luz del farol, que cada vez se distinguia más. Las gentes que rodeaban á Pítis dejaron por un instante á este, que habia recobrado el sentido, y se agolparon á la entrada de la cueva, de donde retrocedieron horrorizadas viendo que el señor cura y mi bisabuelo sacaban asido de los pies y los hombros el cuerpo de un hombre ensangrentado, pero vivo aún, pues se quejaba lastimosamente.

Aquel hombre era Antonazas, que, perseguido furiosamente en la cueva por Javalinero, habia dado una caida al atravesar el torrente, y además de causarse una grave herida en la cabeza contra el ángulo de una peña, habia sido atarazado por el perro.

VI.

Habia trascurrido cerca de un mes desde que Antonazas y Pítis fueron sacados de la cueva de la Magdalena, Antonazas gravemente herido y Pítis desmayado.

Antonazas estaba de enhorabuena, pues el facultativo le habia declarado aquel dia fuera de todo peligro, despues de haber estado con la santa Uncion.

El señor cura nuevo estaba al lado de la cama de Antonazas conversando con este afectuosamente.

—¡Ay, señor cura! decia Antonazas. ¡Cómo le pagaré yo á Vd. lo bondadoso que ha sido conmigo durante el gran peligro de muerte en que he estado!

—¿Cómo me lo pagará Vd.? De un modo muy sencillo, amigo Anton: recordando mientras viva que estuvieron á punto de costarle la vida sus terquedades, único medio de que no vuelva Vd. á incurrir en ellas ó en otras semejantes.

—Yo haré lo posible por recordarlo, y le ruego á Vd. que me ayude tambien á ello.

—Así lo haré, amigo Anton.

—¿Sabe Vd., señor cura, que fué un verdadero milagro el que no quedaran mis huesos en la cueva de la Magdalena mezclados con los de los animales que allí han perecido?

—Ciertamente que lo fué, amigo Anton.

—¡Por fuerza tuve aquella noche de mí parte algun santo que me protegió; y si supiera cuál fué, haría cualquier cosa por mostrarle mí agradecimiento!

—¿Y qué haria Vd. si lo supiera, amigo Anton?

—¿Qué, señor cura? Gastarme mil ducados en levantarle una ermita en el mejor sitio de Montellano.

—Deme Vd. los mil ducados y yo lo averiguaré y con ellos le levantaré una ermita.

—Acepto la proposicion, señor cura. Haga usted el favor de abrir esa arca con esta llave y deme una bolsa de dinero que hay en ella.

Así diciendo, Antonazas dió al señor cura la llave que sacó de debajo de la almohada; el señor cura abrió el arca, sacó y dió la bolsa á Antonazas, y este, contando mil ducados en onzas de oro, se los entregó al señor cura que le dió el correspondiente recibo, concebido en los siguientes términos:

«He recibido de D. Antonio de Seldortun, vecino de esta feligresía de Montellano, concejo de Galdámes, la cantidad de mil ducados para erigir con ellos una ermita al santo que yo crea haber salvado de la muerte en la cueva de la Magdale-

11

na al espresado D. Antonio. Montellano, etcé-
tera.»

El 17 de enero del año siguiente se dijo la primera misa con toda solemnidad, con asistencia de
Antonazas y ayudada por Pitis, en una linda ermita que en el campo de Acabajo habia erigido el
señor cura á espensas de Antonazas al glorioso
San Antonio Abad, abogado de los animales.

FIN DEL CURA NUEVO.

LA YESCA

I.

Este era un hombre casado, á quien llamaban Juan Lanas, porque era como Dios le habia hecho y no como Dios quiere que nos hagamos nosotros mismos con ayuda del entendimiento que para ello nos ha dado.

Su mujer y él se llevaban muy bien; pero no por eso dejaban de tener de higos á brevas sus altercados por la falta de filosofía de Juan Lanas. Uno de los altercados que solian tener era este:

—¡Cuidado que son dichosas las señoras mujeres!

—Más dichosos son los señores hombres.

—¡No digas disparates, mujer!

—¡No los digas tú, marido!

—Pero, mujer, ¿quieres comparar la vida aperreada que nosotros pasamos trabajando como negros para mantener á la mujer y los hijos, con la vida que vosotras pasais sin más trabajo ni quebraderos de cabeza que cuidar de la casa?

—Y qué, ¿es poco trabajo ese?

—¡Vaya un trabajo! Parir y criar tantos y cuantos chicos, y luego cuidar de ellos y del marido. ¡No hay duda que el trabajo es para reventar á nadie!

—Ya te quisiera yo ver en nuestro lugar, á ver si mudabas de parecer.

—Pues no mudaria.

—Pues te equivocas de medio á medio: una legua andada con los pies cansa más que veinte andadas con la imaginacion.

—Será todo lo que tú quieras; pero lo que yo sé es......

—¡Qué has de saber tú, si eres un Juan Lanas!

—¡Adios, ya salió á relucir el pícaro mote!

—Los motes no los pone el que los usa.

—¡Otra te pego, Antón! ¿Pues quién los pone si no?

—El que los merece.

—¡No, si á las señoras mujeres las dejan hablar!.....

—¡No, si á los señores hombres los dejan hacer y decir disparates!..... Jesús, ¡y luego dicen que los hombres se casan! Mentira, mentira, que las que se casan son las mujeres.

El pobre Juan Lanas, no encontrando ya razones que oponer á las de su mujer, cedia á esta el campo y se iba á ganar la vida.

II.

Juan Lanas era jornalero; pero cuando no tenia dónde ganar el jornal, se dedicaba á lo que salia, porque, eso sí, él, aunque de pocos alcances, era vividor, y por arte ó por parte, raro era el dia que no se agenciaba para ir pasando él, la mujer y los chicos.

Un dia, viendo que en Valpelado (que así se llamaba, con razon, su pueblo) no encontraba ocupacion, se fué á Valboscoso, que distaba de allí cuatro leguas, á ver si encontraba jornal ó cosa en que pudiera ganar uno, dos ó medio.

Valboscoso era célebre en toda la comarca porque tenia grandes encinares que producian mucha y buena yesca, de que se surtia todo el país, que carecia de árboles, porque sus naturales, como los de muchas comarcas del interior de España, decian que los árboles no sirven más que para criar gorriones y los gorriones no sirven más que para comerse el trigo.

Yo tengo en mi casa un gorrion que oyendo decir esta barbaridad á un campesino que vino á preguntarme cómo se las compondria para que lloviera con más frecuencia en su pueblo, hablé por permision de Dios y le puso de vuelta y media.

—Hombre, le dijo, permita Vd. que me extrañe de verle á Vd. aquí.

—¿Por qué, hombre, digo pájaro?

—Porque no sé cómo Vd. y los que como usted piensan no han reventado ya de brutos. ¿Conque convienen Vds. en que es una gran cosa el arbolado para atraer la lluvia y la frescura sobre los campos, que sin ellas son como cuerpo vital sin sangre, y aborrecen el arbolado porque favorece la cria y propagacion de los gorriones? Y ustedes, pedazos de alcornoque, ¿creen que los gorriones no servimos más que para comer trigo? La plaga principal de los campos son los insectos y sabandijas que devoran é inficionan cuanto en ellos brota, y ha de saber Vd. que el único remedio de esa plaga somos nosotros los pájaros, y muy especialmente nosotros los gorriones, que si gustamos del trigo, gustamos cien veces más de los insectos y sabandijas. Hombre, no sean Vds. zoquetes, y en vez de negarnos la hospitalidad, aborreciendo los árboles que pueden dárnosla, orlen de árboles sus heredades y cubran de arboledas sus colinas, inútiles para otra cosa, y así matarán Vds. dos pájaros de una pedrada (como dicen Vds. en su afan de matar pájaros hasta de boca), proporcionando á sus campos frescura y esterminadores de insectos y sabandijas.

¿Pues creerán Vds. que el campesino quedó

convencido con este discurso, aunque el orador
era pájaro que cantaba en la mano? ¡Nada de
eso! Con insultar al orador, diciéndole que tenia
mucho pico, se quedó tan fresco y sigue no
plantando árboles por miedo de gorriones.

III.

Pero volvamos al pobre Juan Lanas, y le llamo
pobre, porque, aunque recorrió todo Valboscoso
buscando jornal de casa en casa, no encontró
quien se le diera.

Volviase ya, lleno de desconsuelo, á Valpelado,
cuando á la salida del pueblo vió un almacen de
yesca y le ocurrió comprar media arrobita de
ella para revenderla en su pueblo, dos cuartos á
este, uno al otro, un ochavo al de más allá, á ver
si se ganaba siquiera un par de pesetas.

Juan Lanas era desconfiadillo, por lo cual ad-
virtió al yesquero que no le engañara en el peso,
advertencia que le supo al yesquero á rejalgar de
lo fino, y así que hizo la compra, echó la yesca
en el morral y el morral á la espalda, y, hala,
hala, continuó su camino hácia Valpelado.

Apenas echó á andar, le pareció que la yesca
le pesaba muy poco y empezó á pensar si el yesquero, en lugar de echar en el peso la pesa de
media arroba, habria echado la de cuartilla y

por consiguiente le habria birlado la mitad del
dinero que habia dado por la yesca.

Con esta sospecha pasó un rato muy pícaro, y
estuvo á punto de volver al pueblo á dar parte al
alcalde de tan escandaloso robo; pero pensando
que el ladronazo del yesquero podia negar el robo
y además acusarle de calumnia, y en lugar de
devolverle lo que le habia robado, hacer que le
plantaran en el cepo, desistió de aquella tentacion
y no le pesó de ello, pues cuando llegó al mojon
de la primera legua, ya le parecia, á juzgar por
el peso de la yesca, que lo más, lo más que habria
hecho el yesquero era echar en el peso la pesa de
cuartilla y media en lugar de la de media arroba,
y por lo tanto, lo más, lo más que le habia robado
era media cuartilla, que no merecia la pena de
andar en denuncias y pleitos que cuestan un sentido con lo sanguijuela y trapalona que es casi
toda la gente de la curia.

IV.

Cuando Juan Lanas llegó al mojon de las dos
leguas, dió gracias á Dios por no haber incurrido
en la ligereza de acusar de ladron al yesquero,
porque estaba ya plenamente convencido de que
la yesca pesaba la media arroba que habia paga-
do, y decia para sí:

—¡Vea Vd. qué pícara inclinacion tenemos los

hombres á pensar mal del prógimo! De suerte y
manera que, si me dejó llevar del mal pensamiento que el enemigo me inspiró, calumnio al
pobre yesquero, que será hombre honrado á carta
cabal, y además de incurrir en la infamia de man-
char la reputacion de un hombre de bien, me ex-
pongo á que me soplen en el cepo por calumniador
y malo... ¡Jesús, Jesús, bien dicen que el diablo
tiene cara de conejo!

Así pensando y así diciendo, el buen Juan Lanas continuó su camino, que por cierto nada tenia
de agradable, porque hacia un sol que se asaban
vivos los pájaros.

Cuando llegó al mojon de la tercera legua, le
pesaba ya más que la yesca el remordimiento de
haber pensado mal del yesquero, porque ya estaba
segurísimo de que este, lejos de haberle robado
nada en el peso, se habia equivocado dándole una
cuartilla de más, ó, lo que es lo mismo, echándole
en el peso la pesa de tres cuartillas en lugar de la
de media arroba.

—Pero, señor, decia sopesando con ámbas manos el morral donde llevaba la yesca, ¿cómo pude
yo pensar que esto no pesaba media arroba? Estoy
seguro de que la pesa que echó en el peso fué la
de tres cuartillas en lugar de la de media arroba.
Vea Vd. cómo ni el más honrado y fiel de este
picaro mundo está libre de que alguno le calum-
nie dejándose llevar de un mal pensamiento.

V.

Juan Lanas, cada vez más arrepentido de la ligereza con que habia juzgado la probidad del yesquero, continuó hácia su pueblo, á cuya entrada estaba el mojon de la cuarta legua, donde descansó un poco y volvió á sopesar la yesca.

Esta operacion aumentó sus remordimientos de haber pensado mal del honrado yesquero, porque le dió el íntimo convencimiento que habia empezado á adquirir desde la tercera legua, de que la yesca pesaba aún más de tres cuartos de arroba.

—Pero, Dios mio, decia, ¿dónde demonios tendria yo el entendimiento cuando llegué hasta á pensar que la yesca no pesaba media arroba? Está visto que en este pícaro mundo hasta el que lleva los ojos más abiertos anda la mitad del camino á trompicones.

Su mujer le vió desde la ventana, donde estaba colgando un poco de ropa al sol, y como notase que llegaba fatigado, se apresuró á bajar á su encuentro y á pedirle el morral para que subiese con menos fatiga las escaleras.

—¿Qué traes aquí, hombre? le preguntó.

—Mujer, viendo que no encontraba dónde trabajar en Valboscoso, me dió la humorada de emplear los cuartos que llevaba en media arrobita de yesca para ver si gano uno, dos ó medio vendiéndola aquí, dos cuartos á este, uno al otro, un ochavo al de más allá.

—Y has hecho perfectamente.

—Pero tengo que volver á Valboscoso.

—¿Y á qué santo has de volver tú allá?

A hacer una restitucion al pobre yesquero, que se ha equivocado, echando en el peso la pesa de arroba en lugar de la de media.

—¿Y qué has hecho de la media arroba que te dió demás?

—Mujer, ¡qué habia de hacer! nada; ahí viene.

—¡Qué ha de venir aquí, hombre! Esto ni siquiera pesa media arroba.

—¡Ya! como tú estás descansada, te parece que pesa ménos.

—¡Ya! como tú estás cansado, te parece que pesa más.

Estas últimas palabras fueron un rayo de luz para la oscura inteligencia de Juan Lanas, que guardó silencio, y apresurándose á pesar la yesca en la tiendecilla inmediata, se encontró con que pesaba media arroba justa.

—¿Lo ves, hombre de Dios, lo ves? le dijo su mujer. Eh, no sé para qué te dió Dios el entendimiento si no has de conocer con ayuda de él lo que mil veces te he dicho.

—¿Y qué es lo que me has dicho tú?

—Que cansa más una legua andada con los pies, que veinte andadas con la imaginacion.

Juan Lanas calló, queriendo entrever en lo que le habia sucedido la resolucion de dos problemas importantes, cuales eran el de la gravitacion de los cuerpos y el de la teoría y la práctica; ¿pero la entrevió? Ca, eso se queda para inteligencias más claras que la suya y la mia.

FIN DE LA YESCA.

LA FUERZA DE VOLUNTAD

I.

Una vez conversaba yo con un carranzano más listo que un demontre (pues los hay que ven crecer la yerba), y como la conversacion recayése sobre lo que puede la imaginacion en nuestros actos, el carranzano me contó lo siguiente, que no eché en saco roto, como no echo nada de lo que me pueda servir para estudiar el modo de sentir, pensar y proceder del pueblo á quien tengo mucha aficion, aunque no tanta que me parezca un santo ni mucho ménos, porque su señoría (y perdone si le niego el su magestad, pues creo que mienten bellacamente los que le llaman soberano) suele descolgarse con cada animalada que le parte á uno de medio á medio.

II.

Era hácia los años de 1836 á 1838 en que la guerra civil entre isabelinos y carlistas hacia de

las suyas á más y mejor, tanto que cuando las
recordamos los que no tenemos nada de belicosos
ni de pícaros, no podemos ménos decir á los belicosos, pícaros ó inocentes que se entusiasman con
ella: ¡Ay, pedazos de bestias!

Los beligerantes ordinarios en la conjuncion
de los valles de Carranza y Soba, eran: en Carranza un destacamento de aduaneros carlistas
mandados por un carranzano conocido por Josepin el de Aldacueva, y en Soba los urbanos ó paisanos armados isabelinos de los lugares confi-
nantes con Carranza, mandados por un sobano
conocido con el apodo de Geringa.

Josepin era un moceton corpulento, de buen
humor y diestro en la estrategia guerrillera; y
Geringa un delgaducho como un alambre, á cuya
circunstancia debia el apodo de Geringa, preocupado y caviloso como él solo, tanto que su mujer
temia no se le pusiese alguna vez en la cabeza
que estaba en peligro de muerte, porque entonces
ni todos los veterinarios del mundo le salvaban.

Josepin y Geringa se conocian desde antes que
empezara la guerra, y por cierto que merece contarse en capítulo aparte cómo se conocieron.

III.

La romería de Nuestra señora del Buen Suceso
que se celebra en la parte oriental de Carranza es

concurridísima de gentes, así de los valles de las Encartaciones de Vizcaya como de los de la Montaña, á cuyo número pertenece en primer lugar el de Soba.

Entre los concurrentes á la romería estaban Josepin el de Aldacueva y Geringa el de Soba. La gente iba formando un gran corro, en el que se hallaba Geringa admirando á un charlatan que pretendia tener un perrillo tan sábio que si su amo le decia: Chuchumeco, á ver cuál es el único carranzano que puede asesinar aunque sea á Cristo padre sin que la justicia se meta con él, iba á plantarse de manitas en las piernas del médico del valle; y si le añadia: Chuchumeco, dinos quién es el más tonto de todos los que nos están mirando, iba derecho como una bala á un pobre diablo que acababa de casarse por tercera vez despues de haber pasado la pena negra con sus dos primeras mujeres.

Viendo Josepin los aspavientos de admiracion que hacia Geringa, al presenciar aquellas habilidades, le dijo:

—Qué, ¿te admiras de lo que ese hombre hace con *el* su perrillo?

—¡Pues no me he de admirar, hombre!

—Los que tenemos fuerza de voluntad hacemos eso y mucho más por debajo de la pata.

—Sí, como no hagas tú.....

—Lo que yo hago es, no hacer que me obedezca un perro, que es el animal más listo, síno hacer que me obedezca un burro, que es el animal más torpe. Los que tenemos fuerza de voluntad, lo conseguimos todo con ella.

—¿Y tú la tienes?

—¿Que si la tengo? Lo vas á ver.

—¿Y cómo?

—Haciendo una cosa más difícil que lo que hace ese hombre con el su perrillo. El perro puede obedecer á una seña imperceptible para el público, que le haga el amo; pero lo que yo voy á hacer no admite trampa; es todo pura fuerza de voluntad. Le voy á decir á ese burro, de modo que lo oiga la romería entera, que se haga el muerto, y verás como al punto me obedece, porque la mi fuerza de voluntad es *irresistible*.

Geringa, como todos los que escuchaban á Josepin, se echó á reir en son de duda, pero Josepin se dirigió al burro del charlatan, que pacia bajo los robles, tapóle con una mano una oreja, y acercando los lábios á la otra, de modo que la voz se recojiera en la oreja del animal, gritó:

—¡¡¡Hazte el muerto!!!

El burro cayó al suelo como herido de un rayo al sonar este tremendo grito, y quedó como muerto.

Toda la gente, y Geringa más que nadie, lanzó otro grito de asombro.

El hombre del perro se enteró de lo que pasaba

y empezó á echar ternos viendo á su burro inmó-
vil, creyendo que Josepin se le habia muerto.

—No se asuste Vd., buen hombre, le dijo Josepin, que el burro estará muy pronto con tanto
conocimiento como Vd., pues aunque con *la* mi
fuerza de voluntad le hubiera matado yo de ve-
ras, con *la* mi fuerza de voluntad le resucitaria,
y si no ahora verán Vds. lo que *la* mi fuerza de
voluntad puede.

Josepin permaneció un momento con la vista
fija en el burro, al que al cabo dijo:

—¡Ea, levántate y echa á correr para que se
vea que estás vivo!

El burro empezó á moverse, se levantó y echó
á correr dando coces y respingos por la arboleda.

Inútil fué que al volver Geringa á Soba no fal-
tase entre las gentes á quienes contaba, lleno aún
de asombro, la prodigiosa fuerza de voluntad de
Josepin el de Aldacueva, quien le arguyese que tal
fuerza de voluntad era una quimera, pues la caida del burro era por efecto del aturdimiento que
le habia causado el grito dado en su oido. Geringa siguió creyendo á pies juntillas que la fuerza
de voluntad de Josepin obraba prodigios.

IV.

Como he dicho, Josepin era jefe de los aduaneros carlistas y Geringa uno de los jefes de los urbanos isabelinos.

Josepin tenia como prenda de uniforme una chaquetilla con vivos, boca-mangas y cuello encarnados. Un dia estaba en mangas de camisa á la puerta de su alojamiento en Sangrices esperando que la patrona, sentada á la misma puerta, acabase de coserle ciertos desperfectos de la chaquetilla, que empezaba ya á hablar por los codos, pidiendo la enviasen al cuartel de inválidos.

—Estais hechos unos *arlotes*, dijo la patrona, y más comparados con los urbanos de Soba, que se·han hecho un uniforme muy majo, y particularmente Geringa, que se ha echado una levita que parece la de un general.

—¿Sí? contestó Josepin un poco picado de aquellas palabras. Verá Vd. qué pronto luzco yo la levita de Geringa.

—¡Qué habeis de lucir vosotros, si no teneis más que boca! replicó la patrona.

—Le digo á Vd., exclamó Josepin con tono cada vez más picado y resuelto, que he de lucir la levita de Geringa mañana mismo.

Al dia siguiente, Josepin con sus subordinados se dirigió hácia Soba antes de amanecer y se emboscó en unos matorrales próximos al camino para esperar á los urbanos, que solian salir hasta allí á fin de ahuyentar á los aduaneros carlistas.

Poco despues aparecieron unos cuantos urbanos mandados por Geringa, lanzáronse sobre ellos
los carlistas é hicieron prisionero á Geringa, que
se quedó como alelado cuando vió á Josepin, y
que, en efecto, vestia la levita de uniforme últi-
mamente estrenada.

Geringa era preocupado, pero no cobarde.
Avergonzado y arrepentido del amilanamiento á
que debia el haber caido prisionero, increpó á Josepin diciéndole que era un cobarde lazo el que
le habia tendido.

—Desengáñate, Geringa. le contestó Josepin
con mucha calma, aquí no ha habido lazo ni cosa
que lo valga: lo que ha habido es *la* mi fuerza de
voluntad que es *inresistible*.

Geringa no supo qué contestar á esto, porque
creia que, en efecto, la fuerza de voluntad de Josepin tenia gran poder.

Lo primero que hizo Josepin fué mandarle que
se quitara la levita mientras él se quitaba la chaqueta, que se proponia relevar definitivamente del
servicio en aquel momento.

Obedeció Geringa á regañadiente, y Josepin,
lleno de alegría, fué á ponerse la levita. A fuerza de fuerzas lo consiguió; pero le estaba tan estrecha, que quedó con ella como envarado, hasta
que la levita pegó un estallido por espalda y
hombros, abriéndose como si fuera de papel. Qui-
tósela Josepin, y de rabia, viendo que no podia

lucir prenda tan codiciada, la hizo girones y volvió á ponerse la achacosa chaqueta.

Pocos dias despues hubo cange de prisioneros, y Geringa fué de los que recobraron la libertad.

—Oye, Geringa, le dijo Josepin, si te vuelves á hacer levita, te encargo que la hagas más ancha, pues te he de volver á coger, y si *la* tu levita no me sirve, te pego cien palos.

—¡Sí, no te untes! le contestó Geringa riéndose del encargo y la baladronada.

La patrona consabida, que estaba presente y oyó esto, le dijo:

—No lo tomes á broma, Geringa, que en poniéndosele á este Josepin una cosa en la cabeza, se sale con la suya. La víspera del dia que te cogió dijo que te cogeria y te quitaria la levita, y ya ves cómo lo cumplió.

—Con *la* mi fuerza de voluntad lo cumplo yo todo, añadió Josepin.

Y Geringa calló, y tomó el camino de Soba muy pensativo.

V.

—Pero señor, se decia Geringa, ¿no es una tontería que un hombre como yo crea que otro hombre, solo con la fuerza de su voluntad, pueda hacer lo que le dé la gana? Pero la verdad es que

Josepin lo hace, y eso no me lo ha contado nadie, que lo ví yo en el Suceso por mis propios ojos.

En estas cavilaciones pasó algunos dias, y como se decidiese á hacerse nueva levita y no quisiese dar su brazo á torcer al sastre, encargó á este que se la hiciese bien anchita para poderse poner ropa debajo así que viniese el frio, que en Soba viene temprano y se va tarde, segun lo canos que yo veia casi siempre desde mis templadas Encartaciones los montes sobanos.

Apenas Geringa se habia puesto media docena de veces la segunda levita, cuando Josepin penetró hácia Cisterna y Lamedal, pueblos de Soba fronterizos; atacó á los urbanos mandados por Geringa, y volvió á hacer á este prisionero.

Geringa se indignaba de sí mismo, pues á pesar de su valor (que era mucho, como el de sus subordinados) se habia quedado tambien esta vez como acobardado al ver á Josepin, y como espantado, convenia consigo mismo en que la fuerza de voluntad de Josepin tenia gran poder sobre él.

A primera vista conoció Josepin que la segunda levita de Geringa era más holgada que la primera, y se apresuró á ponérsela, con tanto más gusto, cuanto que su chaqueta se reia por todas partes del que la llevaba.

La levita le entró con más facilidad que la otra; pero aun así le estaba tan apretada, que amenazaba estallar y le molestaba mucho. En vista de

esto, Josepin se la quitó muy quemado, se la dió
á su segundo, que era bastante más delgado que
él, y dijo á Geringa:

—Geringa, has cumplido á medias *el* mi encargo, y á medias voy yo á cumplir *la* mi promesa.

Dicho esto, hizo que dieran á Geringa cincuenta palos, en lugar de los cien prometidos.

Poco despues hubo nuevo cange de prisioneros,
y tambien fué incluido en él Geringa.

—Geringa, le dijo Josepin, dentro de poco cae-
rás por tercera vez en mis manos, porque *la* mi
fuerza de voluntad te hará caer. Si te haces la
tercera levita, háztela de modo que me esté justa,
porque si no me lo está, te fusilo sin remision.
Entiéndelo bien, para que luego no alegues ignorancia: la levità ha de estar como hecha para mí.

Geringa le contestó con la risa del conejo:

—Sí, te enviaré el sastre para que te tome las
medidas.

—Pues te tendria mucha cuenta, porque ya
sabes que yo cumplo lo que ofrezco, y que *la* mi
fuerza de voluntad es *inresistible*.

Esto era en Sangrices, y la patrona de Josepin,
que estaba presente y tenia buena voluntad á
Geringa, aconsejó á este que no tomara á broma
las palabras de Josepin, pues este, por fuerza tenia pacto con el diablo.

VI.

Geringa se volvió á Soba más preocupado que nunca, y tratando de hacerse la tercera levita, cosa indispensable, pues era la prenda principal de uniforme de la oficialidad de los urbanos del valle, sus cavilaciones subian de punto.

De cavilacion en cavilacion, empezó por reconocer que, en efecto, la fuerza de voluntad de Josepin era irresistible, y concluyó por convenir tambien en que le iba la vida en que la tercera levita le estuviese justa á Josepin.

—Consiento, se dijo, en morir fusilado, antes que pasar por la vergüenza de enviar el sastre á que le tome las medidas; pero quizá haya algun medio de evitar esta vergüenza, sin esponerme á que la levita no le esté justa.

Geringa encontró, en efecto, el medio que buscaba, y que consistió en pedir secretamente á la patrona de Sangrices la medida del cuerpo de Josepin, que la patrona tomó mientras Josepin estaba durmiendo.

Por tercera vez hizo Josepin prisionero á Geringa. La tercera levita que este vestia le estaba á su dueño como un saco, y á primera vista conoció Josepin que, al fin, aquella vez podria presentarse á la patrona, sin que esta le calificase de *arlote*.

Apresuróse á despojar á Geringa de la levita, con tanto más motivo, cuanto que su chaqueta se caia ya á pedazos, y con indecible alegría vió, al ponérsela, que le estaba como pintada.

Entónces, lleno de gozo, abrazó á Geringa, le puso en libertad sin cange ni rescate alguno, y no content o con esto, llevó su generosidad hasta el estremo de regalarle su chaqueta para que no volviese á Soba en mangas de camisa.

VII.

Esto es lo que me contó el carranzano para probarme lo que puede la imaginacion, esto es lo que los carranzanos cuentan en ferias y romerías para hacer rabiar á los sobanos, y esto es lo que los sobanos no pueden oir con paciencia, por lo cual, cada vez que en tales ocasiones se cuenta, se arma una de palos y bofetadas de cuello vuelto que desde la peña de Aja á la cumbre de Colisa, se oye el ¡ay, que me han roto el bautismo!

FIN DE LA FUERZA DE VOLUNTAD.

PICO DE ORO

~~~

I.

Trabajillo nos costará, ahora que estamos en invierno, trasladarnos, aunque solo sea con la imaginacion, á la ciudad de Burgos, dejando la benigna temperatura de las marismas de Vizcaya, donde fructifican el naranjo y el limonero, porque la temperatura de Burgos es tan fria, que allí, cuando el termómetro de Reaumur baja al grado de congelacion, exclaman las gentes: «¡Qué, si tenemos una temperatura primaveral!» Pero ello, no hay remedio, hemos de trasladarnos allá, si hemos de oir al famoso Pico de Oro, que vá á predicar en la nunca bastante ponderada catedral de Burgos.

¿No saben Vds. quién es Pico de Oro? Pues él muy nombrado es, porque en las iglesias siempre está uno oyendo exclamar á las mujeres: «¡Jesús, qué pico de oro!»

No sé si habrá más picos de oro que uno; pero el de mi narracion era un fraile dominico tan célebre en toda Castilla por su elocuencia en el púlpito, que en cuanto se anunciaba que iba á predicar en cualquiera parte, no quedaba pueblo alguno entre las cordilleras carpetana y pirenaico-cantábrica de donde no fuera gente á oirle.

II.

La buena, la religiosa, la caballeresca, la hidalga, la histórica, la monumental ciudad de Burgos estaba alborotada con la noticia de que el famoso Pico de Oro iba á predicar en su santa iglesia catedral, y con tal motivo por toda Castilla la Vieja acudian las gentes como en romería á la ilustre *caput Castellæ*, aunque, como de costumbre, hacia en Burgos un frio que ya, ya.

¡Para qué queria Burgos capitanía general, ni audiencia, ni presidio, ni instituto, ni seminario, ni escuela normal, ni demonios colorados, si el famoso Pico de Oro fijase allí su residencia y echase aunque no fuese más que un sermoncito cada semana!

Pero dejémonos de digresiones y vamos al asunto. El asunto era que habia llegado el gran dia, el dia en que el famoso Pico de Oro hiciese resonar su elocuentísima voz en la catedral de Burgos.

Veinte catedrales como aquella, y eso que no es floja, no hubieran bastado para dar cabida á la muchedumbre que se agolpaba á las puertas del templo codeándose, estrujándose, apabullándose, despachurrándose por entrar á oir al famoso Pico de Oro.

La catedral estaba ya tan llena, que al Papa-moscas le temblaban las piernas cada vez que salia á machacar en la campana, temiendo que la catedral pegase un estallido.

Por fin el señor arzobispo se arrellanó en el sillon pontifical colocado en el presbiterio, y un ¡ahhh! de satisfaccion se escapó de todos los gaznates al ver aparecer en el púlpito al famoso Pico de Oro.

III.

Como no es cosa de que yo vaya á encajar aquí entero el sermon del famoso Pico de Oro, me contentaré con dar á conocer su resúmen, que los afrancesados llamarian análisis.

Despues de anunciar en el exordio que se proponia con la ayuda de Dios encarecer las penas del infierno, para lo cual imploraba la gracia del Altísimo, el predicador entró en materia, y fué diciendo lo que en resumidas cuentas vamos á ver:

«Amados oyentes mios: los tormentos del infierno son tales que solo pueden concebir alguna idea de ellos los hombres de bien que se meten en pleitos; los pobres pundonorosos que se casan con ricas necias; los alcaldes de los pueblos divididos por las pícaras elecciones; los que en España viven del cultivo de las letras y las bellas artes; los que están gobernados por gentes que han pasado la vida conspirando para coger la sarten del mango, y finalmente, los españoles.»

El auditorio, que todo él era español, se estremeció de espanto al oir esto, y el orador continuó:

«Ya veis, amados oyentes mios, que en Burgos hace un frio de doscientos mil demonios. Pues el frio que aquí hace es tortas y pan pintado comparado con el que hace en el infierno.»

El señor arzobispo dió un respingo en su asiento, y el auditorio lanzó un grito de horror al oir que en el infierno hacia aún más frio que en Búrgos.

«¿Veis, continuó el orador, los carámbanos de hielo que cuelgan de los canalones de esta santa catedral? Pues en el infierno hasta en las alcobas hay colgaduras como esas.»

El señor arzobispo echaba al orador unas miradas que parecia querer tragársele vivo, y el público alzaba los ojos al cielo pidiendo al Señor misericordia.

«Sí, amados oyentes mios, continuó el famoso Pico de Oro, haceis bien en pedir al Señor que os libre de los tormentos del infierno, porque en el infierno es tan horroroso el frio, que hasta cuando se asan los pájaros hay que llevar una fundita en las narices, porque si no se le hielan á uno.»

Al señor arzobispo un color se le iba y otro se le venia, y el público lloraba de terror y arrepentimiento, dándose en el pecho cada puñetazo que se le hundia.

El famoso Pico de Oro continuaba:

«Para que no creais que exagero al encarecer los tormentos del infierno, os diré que allí, hasta cuando á uno le sirven hirviendo el chocolate, para tomarle hay que romper con los nudillos de los dedos el hielo que le cubre.»

El señor arzobispo echó mano á la mitra para tirársela á la cabeza al predicador; pero conteniéndose y no pudiendo aguantar más en su sillon, se levantó y se fué á la sacristía á tomar un vaso de agua con azucarillo, porque parecia que le iba á dar algo.

En cuanto al auditorio, estaba tan arrepentido de sus pecados, que los confesaba á gritos y pedia á Dios que le librase de las penas del infierno.

IV.

El famoso Pico de Oro bajó del púlpito altamente satisfecho del saludable efecto de su oratoria, y al dirigirse á la sacristía hubiera reventado de orgullo á no ser tan modesto, porque todo el mundo exclamaba:

—¡Jesús, Jesús, qué pico de oro!

En la sacristía encontró al señor arzobispo hecho un veneno de santa indignacion.

—Amigo, exclamó su ilustrísima al verle, me ha dado Vd. un rato de padre y muy señor mio.

—¿Por qué, ilustrísimo señor? le preguntó Pico de Oro con mucha calma, tomando un polvo con permiso de su ilustrísima.

—¡Alabo la pregunta, como hay Dios! exclamó el señor arzobispo indignado. ¿Conque se pone usted á decir que en el infierno hace frio, cuando precisamente sucede todo lo contrario?

—¿Y por eso está incomodado vuestra ilustrísima?

—No, que estaré bailando de contento.

—¿No ha visto vuestra ilustrísima el efecto que mi sermon ha hecho?

—Y tres más que lo he visto; pero por eso mismo me duele y hasta me indigna el que habiéndole dado Dios tan asombrosas facultades oratorias, no saque de ellas el partido que debiera sacar. ¡Cuidado que me ha hecho gracia la ocurrencia de decir que hace frio en el infierno!

—Entendámonos, ilustrísimo señor. ¿Qué me propuse yo al dirigir la palabra al público burgalés?

—Lo que Vd. anunció en el exordio de su sermon: inspirar horror al pecado, que Dios castiga con el infierno, encareciendo los tormentos que en el infierno sufre el pecador.

—¡Ajá! Estamos conformes. Ahora dígame vuestra ilustrísima: ¿qué es lo que sobra en Burgos?

—Frio.

—¿Y qué es lo que en Burgos falta?

—Calor.

—Perfectamente. Pues siendo así, dígase á los burgaleses que en el infierno abunda el calor que en Burgos falta, y todos querrán ir al infierno; pero dígaseles que en el infierno abunda el frio que en Burgos sobra, y no querrá ir al infierno ninguno.

Al oir esto el señor arzobispo, alargó la mano al famoso Pico de Oro, y exclamó sacando á su vez la caja del polvo y tomando uno de los morrocotudos:

—¡Dios de Dios, lo que saben estos padres dominicos! ¡Parece que han estudiado con los padres jesuitas!

FIN DE PICO DE ORO.

UN SIGLO EN UN MINUTO

I.

Esta narracion necesita prólogo propio. En cambio, no le necesitan ajeno tantos y tantos libros como ahora salen con prólogo ajeno, á pesar de estar vivos y sanos, gracias á Dios, sus autores, y ser estos muy listos y muy guapos para no necesitar que el vecino se encargue de decir al público lo que nadie mejor que ellos sabe.

En el de este libro he citado la opinion de cierto caballero particular que asegura son una misma cosa la mentira y la poesía, y no quiero poner término á estas narraciones sin hacer un esfuerzo para averiguar lo que haya de cierto en la susodicha opinion. El procedimiento de que me voy á valer es muy sencillo, pues consiste en contar algo que sea mentira, y luego ver si hay ó no poesía en ello.

Tengo por mentira lo que voy á contar; pero tambien tengo mis temorcillos de que no lo sea, porque, además de ser personas muy verídicas y

13

bien informadas unas buenas aldeanas de Güe-
ñes, que me lo contaron una noche de Difuntos,
mientras ellas hilaban y nosotros los hombres fu-
mábamos á la orilla del fuego, he leido algo que
corrobora su aserto en un libro que, si mal no recuerdo, se llama *Leyendas de Flandes*, escrito por
un tal Berthout, ó cosa así, y cuando una noticia
anda de Vizcaya á Flandes, algo debe tener de
cierta.

Moreto ha dicho que la poesía y la filosofía son
una misma cosa, y si resultase que la poesía y la
mentira tambien lo son, ¡buena, buena va á quedar la filosofía, trás lo mal parada que ha quedado en manos de los krausistas!

II.

Allá hácia mediados del siglo XIV, eran céle-
bres en Vizcaya dos caballeros, llamados, el
uno, D. Juan de Abendaño, y el otro, Fortun de
Mariaca, este último más conocido con el sobrenombre de Ozpina, que equivale á Vinagre.

D. Juan de Abendaño, á quien el historiador
Lope García de Salazar, su paisano y casi con-
temporáneo, llama «ome endiablado,» por su tra-
vesura y audacia, y pinta como terror de los maridos, era el D. Juan Tenorio de aquella época y
aquella comarca. La doncella más pura y tímida
se escapaba trás él á la torre de Unzueta en

cuanto don Juan le cantaba una trova ó rompia en su honor una lanza bajo su ventana, y la casada más honesta y altiva necesitaba guardas, si D. Juan rondaba una vez su torre solariega, de buen testigo doña Elvira, la mujer de Pero de Lezama, de la que dice el citado Salazar que «era lo que era mucho hermosa y lozana sobre todas las de su tiempo, y su marido la tenia siempre guardada en la su torre con criados suyos, por revelo de D. Juan de Abendaño.»

En cuanto á Fortun de Mariaca, hijo bastardo de Fortun Saez de Salcedo, señor de Ayala, Salazar le califica de «ome perverso.» Ya de mancebo, tenia genio endemoniado, por lo cual dieron en llamarle Ozpina, y este mal genio se habia ido agravando de tal modo con los años, que habia llegado á ser insufrible en el tiempo á que me refiero, en que Fortun era viejo.

Por aquel tiempo estaban en toda su crudeza las guerras de bandería entre *oñecinos* y *gamboinos*, y en toda la region cantábrica desde el Bidasoa al Deba asturo-montañés y desde el océano al Ebro ó más arriba, caballeros y labradores apenas tenian más ocupacion que la de romperse el bautismo «sobre quién valia más,» como dice el buen Lope García de Salazar, que debia saberlo, pues desde la edad de diez y seis años hasta la de setenta en que se dedicó á historiar lo que de aquellas guerras y otras cosas sabia, que por cierto no

era poco, habia sido uno de los más poderosos y
afamados banderizos.

III.

Ochanda de Anuncibay era á la edad de diez
y seis años la doncella más hermosa, delicada y
pura de peñas abajo. Los que habeis bajado á
Bilbao por las amenas márgenes del Nervion, que
es aquel riachuelo que atravesásteis en la vega
de Orduña y luego iba creciendo, creciendo á
vuestro lado hasta que la mar salió á su encuentro siete leguas más abajo y le escondió en su re-
salado seno, ¿no recordais haber visto á la derecha de Areta, casi en la confluencia del Arnáuri
(que baja del valle de Orozco) con el Nervion, una
torre solariega que tiene al lado una ferrería, un
molino y una ermita? Pues aquella es la torre de
Anuncibay, solo que no es la misma que cobijó la
niñez de Ochanda. Aquella torre con pretensio-
nes de palacio es relativamente moderna y se
edificó en el solar de otra muy vieja, muy fuerte
y muy sombría, que era la que cobijó la niñez de
Ochanda.

Al cumplir los diez y seis años Ochanda de
Anuncibay lo más que se habia alejado del solar
paterno era para ir, velada la faz y acompañada
de su madre doña Estibaliz, una dueña y un
criado viejo, á oir misa en la iglesia monasterial

de San Pedro de Lamuza (que es la de Llodio), á la que la piadosa doña Estibaliz tenia mucha devocion por haberla consagrado, al comenzar el siglo XI, el obispo de Calahorra D. Pedro Nazar, usurpador segun unos, y heredero legítimo segun otros, de la santa sede episcopal de Armentia.

Su madre era un tipo femenil que existia aún en todo su vigor al terminar la Edad Media; pero que desde entonces se ha ido desvaneciendo hasta el punto de no quedar siquiera sombra de él en nuestro tiempo. Compartia su vida entre la fé y la casa; pero la compartia con tal severidad, que hoy su amor nos pareceria poco aceptable á Dios y á la familia. Casi nunca pronunciaban sus lábios una palabra dura; pero casi nunca aparecia en ellos una sonrisa. Su marido era á la par su amado compañero y su respetado señor, de modo que nunca le nombraba sin darle este último nombre.

—Pedid á Dios que tenga en su guarda á mi marido y señor Sancho Martinez de Anuncibay, decia siempre al socorrer por su propia mano al pobre que llegaba á su puerta implorando su caridad, que era inagotable.

Sancho estaba casi siempre ausente del hogar, porque las guerras de bandería en que constantemente andaba metido, no le permitian otra cosa. Para el cuidado de su casa y hacienda, bastábale su mujer, porque doña Estibaliz era señora para todo. Ella administraba la ferrería y el molino solariegos, y ella se entendia con sus colonos de Vizcaya y de Alava, donde los señores de Anuncibay poseian las pingües haciendas de Arbulo, cerca de la insigne iglesia juradera de Santa María de Estibaliz, de donde eran originarios.

Muchas veces regresaba Sancho á su casa acompañado de apuestos donceles y caballeros, que antes de despedirse de él, se solazaban con alardes de guerra y caballería en el nocedal frontero á la torre donde tambien solia lucir sus sándias gracias un bobo bufon muy célebre entónces en el país con el apodo de Ganorabaco, que aun se da á todo sándio y hazme-reir.

—Señora madre, decia Ochanda á doña Estibaliz bajando tímidamente los ojos y encendiéndosele del rubor el rostro, ¿permitís que me asome á la ventana?

—Asomaos, hija mia, le contestaba doña Estibaliz con blandura, pero sin rebajar con escesiva familiaridad su dignidad de madre; asomaos, pero con la honestidad que cumple á doncellas como vos. En vuestro estado son lícitos tales solaces; tanto más, cuanto tendreis que despediros para siempre de ellos cuando paseis á otro, porque entónces solo vivireis para servir y amar á Dios y á vuestro marido y señor.

Ochanda sentia palpitar de misterioso júbilo su corazon al dirigir tímidamente la vista á aquellos gentiles mancebos que justaban bajo su ventanas quizá sin más objeto que el de agradar á la hermosa doncella, y no sé qué sueños de felicidad casi celeste venian á arrullarla cuando veia á los justadores alejarse Arnáuri arriba ó Nervion abajo tornando amorosamente los ojos hácia ella.

Una tarde sonaron bocinas hácia la ribera del Nervion y todos los moradores de la torre de Anuncibay se apresuraron á salir alborozados á ventanas y almenas, porque aquella señal lo era de que tornaba el amado *echecojaundá* (señor de solar) que hacia mucho tiempo andaba por las merindades de Castilla ayudando á sus aliados los Salazares en las guerras que estos traian con los Velascos. Doña Estibaliz y Ochanda, de pechos á las ventanas gem elas que daban sobre la puerta ojiva de la torre, tenian fija la ansiosa vista en la revuelta que hacia el camino, para seguir Nervion arriba, donde ahora está la estacion del ferro-carril. (¡Oh Dios, cuánta prosa hay en verdades como esta!)

Al fin un centenar de caballeros aparecieron en aquella revuelta, y en vez de seguir la márgen del Nervion, tomaron la izquierda del Arnauri. Madre é hija levantaron la vista al cielo en faz de infinita gratitud al distinguir á la cabeza de aquellos caballeros al buen Sancho Martinez, por cuya vuelta tan largo tiempo habian suspirado.

Al lado de Sancho venia otro caballero sobre

manera apuesto, á quien en vano pugnaban por reconocer, porque traia la visera calada. Levantóla aquel caballero al acercarse á la torre, y dirigió la vista á la ventana, y entonces doña Estibaliz, despues de pronunciar involuntariamente su nombre, que Ochanda no oyó, dijo á esta con singular mezcla de severidad y benevolencia:

—Retiraos á vuestra cámara, hija mia.

Ochanda obedeció á su madre, retirándose á su cámara, humilde, mas pesarosa.

Los caballeros, que venian sumamente fatigados de la jornada, se despidieron de Sancho en el nocedal, rehusando cortésmente el ofrecimiento de algun descanso en su hogar que el de Anuncibay les hacia, y continuaron la via de Orozco mientras doña Estibaliz salia al encuentro de su marido y señor que la recibió amorosamente en sus brazos y se apresuró á preguntarle por Ochanda.

—Buena y humilde como siempre la hallareis en su cámara, á donde la he mandado retirar viendo que con vos venia D. Juan de Abendaño, le contestó doña Estibaliz.

—Habeis hecho bien en eso, dijo Sancho, porque el de Abendaño, segun lo que he visto en las merindades, parece tener encantos diabólicos para trastornar el seso·á doncellas y casadas, y á nuestra amada Ochanda le traigo yo destino digno de su virtud, hermosura y nobleza.

Doña Estibaliz se estremeció como de espanto

al oir estas últimas palabras; pero no se atrevió á
pedir esplicacion de ellas á su marido, que tampoco curó de dársela.

IV.

Era el dia que siguió al del regreso de Sancho
Martinez de Anuncibay á su noble solar. Ochanda,
que habia sido amorosamente acogida por su padre, habia tenido sueños muy singulares la noche
anterior, y llamó singulares á estos sueños, porque
habian alternado en ellos las imágenes de la dicha
con las de la desventura. Aquel gentil caballero,
á quien con tanto disgusto habia reconocido su
madre, se le aparecia rodeado de encantos inefa-
blés, y á esta vision, que le daba á conocer en la
tierra algo de las delicias que se habia imaginado
en el cielo, sucedia otra horrible, pero tan vaga,
que consistia en una masa de negras sombras entre las cuales aparecia confusamente, repugnante
y descompuesto por la ira, el rostro de un anciano
que no tenia ni asomo de la benevolencia que comunmente acompaña á la ancianidad.

Sancho entró en la cámara de Ochanda, donde á
la sazon se hallaba doña Estibaliz, y despues de saludar á ámbas con afabilidad, reclamó su atencion,
pues tenia algo grave que comunicarles, y anunció á madre é hija que el buen caballero Fortun
de Mariaca le habia pedido la mano de Ochanda

y él se la habia concedido, creyéndose muy honrado y ganancioso en ello, puesto que Fortun era caballero muy noble, y como deudo de los condes de Ayala, tenia muchos valedores, y lo seria poderosísimo de la casa de Anuncibay.

Doña Estibaliz y su hija oyeron con espanto mal disimulado esta nueva, pero Sancho no se apercibió de ello ó fingió no apercibirse, y les preguntó si les placia su resolucion.

—Ya sabeis, le contestó doña Estibaliz con humildad, que apruebo y acato siempre como debo vuestras resoluciones, que son las de mi esposo y señor, y en cuanto á nuestra amada hija, su voluntad es en todo la nuestra.

Como testimonio extraordinario de lo complacido que quedaba de su mujer y de su hija, Sancho abrazó amorosamente á esta y se retiró de la cámara.

Ochanda, sintiéndose morir de desconsuelo y desencanto, guardaba silencio con la hermosa frente inclinada, y procuraba en vano contener las lágrimas que se escapaban de sus ojos. Doña Estibaliz la contempló un momento, desgarrado su corazon de madre, porque adivinaba todo lo que pasaba en el de la doncella, y abrió instintivamente los brazos para estrechar en ellos á su hija y consolarla en su seno y consolarse á sí propia, ungiendo la rubia cabeza de la niña con sus lágrimas; pero reponiéndose de repente de aquella debilidad por medio de un esfuerzo supremo de su voluntad, tornó á aquella mezcla de severidad de juez y de benevolencia de madre con que trataba siempre á su hija y procuró convencer á esta de que su propia dicha y su deber filial la obligaban á acatar la voluntad de su padre, uniéndose al caballero á quien este la destinaba y amándole y sirviéndole como á esposo y señor, pues así habia procedido ella con sus padres y procedia con su marido.

Algunas semanas despues, Ochanda de Anuncibay era esposa de Fortun de Mariaca.

V.

La torre de Mariaca era sombría y triste como ninguna, á lo que contribuian los espesos robledales que la cercaban y su lejanía de toda otra habitacion humana. Con esta tristeza armonizaba la de sus moradores. Fortun estaba casi siempre ausente de su hogar, porque lleno de rencores y enemistades, no tanto porque esto fuese muy comun en los caballeros de su tiempo como por efecto de su carácter naturalmente díscolo, continuamente andaba en querellas y guerras, ya por cuenta propia ó ya como aliado de tales ó cuales banderías. Y casi era esto una felicidad muy grande para la desventurada Ochanda; cuando Fortun estaba en su casa, allí estaba con él la guerra, y de esta guerra Ochanda era la principal víctima, porque Fórtun parecia complacerse en martirizar á su mujer con infundados celos y con esquiveces y torturas de todo linaje.

¡Ah! ¡Cuán distinta era la vida de Ochanda de aquella que habia soñado en el hogar paterno, y cuán diferente el hombre con quien se veia unida de aquel que habia entrevisto en sus sueños de felicidad casi celeste!

Ni aun tenia criados fieles y compasivos á quienes confiar aquella parte de su dolor que el decoro de esposa y señora le hubiera permitido confiarles; su marido la tenia rodeada de venales y desalmados espías que parecian complacerse en su dolor.

La oracion y las labores propias de su sexo y estado, distraian un tanto sus penas; pero esto no bastaba para llenar una vida tan desolada y triste como la suya á la edad de diez y siete años en que el alma necesita horizontes sonrosados é infinitos por donde espaciarse.

Pugnando por abarcar estos horizontes á través de los negros y espesos muros de la torre de Mariaca y de las sombrías arboledas que rodeaban la torre, estaba Ochanda una tarde al morir el dia asomada á la estrecha ventana de su cámara.

La lengua euskara, que aún es la vulgar en aquella comarca, se presta admirablemente á la poesía y á la expresion de los afectos tiernos y apasionados. Con decir esto y con añadir que en aquel tiempo todavía no habian decaido en España los trovadores que vagaban de castillo en castillo y de torre en torre señorial cantando la hermosura, el amor y la caballería, ne como miserables y despreciados mendigos, sino con la consideracion de caballeros y nobles hijos del arte que casi todos merecian, por su nacimiento ó su ingenio, y no les negaban las damas y los señores á cuya puerta llamaban con la dulce y noble voz de la poesía; con decir aquello y añadir esto, se comprenderá que en la caballeresca y solariega tierra vascongada abundaban los trovadores en el siglo XIV á que me refiero. Y no eran todos trovadores venales y vagabundos sin más escudo que su laud ni más hogar que el de las damas y caballeros á cuya puerta llamaban con la dulce y noble voz de la poesía, como lo eran muchos de los cultivadores de la *gaya ciencia* cuyo cultivo llegó á equipararse en lo honroso con las hazañas guerreras más insignes, como lo prueba el mote heráldico de un caballero navarro que, presumiendo descender de los invencibles héroes de Cantabria y de los dulces trovadores de Provenza, escribió en su escudo:

Cántabros y trovadores
fueron mis progenitores.

En el septentrion de España, en Vizcaya misma, hubo caballeros insignes que si manejaron bien la lanza, no manejaron peor el laud y la dulce y antiquísima lengua de aquellas montañas. Aún subsiste en el Duranguesado la torre de Pero Ruiz de Muncharaz cuyas trovas y cuya gentileza, segun cuentan las tradiciones, pudieron tanto en las espléndidas fiestas que en su córte de Tudela daba el rey Sábio de Navarra, que Urraca, la hermosa hija del monarca navarro, se prendó de él y, arrostrando el enojo de su padre, se unió secreta mente con el elegido de su corazon y fué á sepultarse contenta y feliz en la soledad de Muncharaz, donde vivió amando á Dios, á su marido y á sus hijos hasta que descansó en paz y bendecida al fin de su padre, bajo las cercanas bóvedas de San Torcaz de Abadiano.

Escondíase ya el sol tras las cumbres de las Encartaciones, y el misterio del crepúsculo empezaba á llenar de inesplicable encanto collados y arboledas.

En la sombra de los jigantescos y copudos robles que crecian al pie de la torre resonaron los preludios de un dulce laud, á los que siguió una cancion tan sentidamente pensada y entonada, que Ochanda quedó al escucharla en inefable arrobamiento. Aquella cancion ha atravesado los siglos hasta llegar á nosotros, privilegio que Dios concede á la poesía cuando lleva impreso el sello del genio. Temoroso de destruir este sello, no la traslado á la lengua castellana, y seguro de que solo le entenderian las gentes de la tierra donde se sabe de memoria, me abstengo de reproducir el texto original. Lo único que haré es decir que en ella parecia arder un volcan de amor y brillar un cielo de delicias. Con decir esto y pensar que Ochanda se consideraba muerta para el amor y sus delicias, se comprenderá con cuánta emocion entrevia aquel volcan y aquel cielo.

El misterioso, dulce y apasionado canto se renovó muchas veces apenas las sombras de la noche impedian ver al cantor á través del ramaje desde las ventanas de la torre.

Ochanda no veia con los ojos materiales al cantor; pero le veia con los ojos del alma. ¿Qué forma material le daba? Le daba la de aquel gentil caballero que desde la ventana de su cámara de Anuncibay habia visto alejarse Arnauri arriba tornando amorosamente la vista hácia ella.

Ochanda no sabia que aquel caballero fuese don Juan de Abendaño, y quizá de saberlo no hubiese idealizado en él al cantor del robledal de Mariaca, porque hasta habian llegado á su oido de casada y aun de doncella los desafueros amorosos de Abendaño.

A la banda opuesta de la torre, apenas doscientos pasos de distancia de esta, tambien entre seculares árboles, existia una ermita, cuyas ruinas se descubren aún, consagrada á la Vírgen María.

Ochanda bajaba muchas tardes á orar en aquella ermita, y generalmente bajaba sola, porque la proximidad de la torre hacia innecesaria la compañía y porque quería estar sola para poder llorar y suplicar sin que la oyera nadie más que la madre de los afligidos.

Una tarde, al declinar el sol, bajó á la ermita, proponiéndose tornar, como siempre, antes que anocheciese.

Nunca como entonces necesitaba su corazon confiar sus penas á alguien, porque sus penas eran entonces mayores que nunca. La comparacion del mundo real y positivo en que vivia con la de aquel otro mundo de amor y dicha casi celeste que todas las noches mostraba á sus ojos el cantor del bosque, era para ella el mayor de los martirios.

Oró y lloró largo rato á los pies de la Vírgen María, y como el dia espirase, se levantó para tornar á su triste morada. Al atravesar el cancel no pudo reprimir un grito de sorpresa y no sé si tambien de espanto encontrando en el pórtico á aquel mismo caballero á quien vió alzar la visera delante de la torre de Anuncibay y luego alejarse Arnauri arriba tornando amorosamente la vista hácia ella. Solo que entonces aquel caballero no cabalgaba en brioso potro ni empuñaba pesada lanza: estaba apoyado en uno de les pilares del pórtico y tenia en la mano un laud.

VI.

Iba cerrando la noche, y Ochanda pugnaba por alejarse de D. Juan de Abendaño, que habia empleado inútilmente todas las infernales artes de su ingenio para seducir á las mujeres fingiendo toda la ternura y todo el amor que ha podido soñar una mujer en un hombre.

—Dadme siquiera una lejana esperanza de amor, exclamaba Abendaño en el colmo de la desesperacion, arrodillado á los pies de Ochanda y sin consentir en soltar el manto de la desventurada dama, que habia asido para retener á esta á su lado.

—Pues bien, le contestó Ochanda como loca de espanto y quizá de amor, porque era imposible que mujer tan apasionada y aislada en el mundo como ella, no le sintiese oyendo y viendo á aquel hombre; dejadme tornar á mi hogar y yo os haré en cambio la promesa que me pedís.

—Hacédmela, y partid, contestó Abendaño soltando el manto y alzándose.

—Mientras viva Fortun de Mariaca, mi marido y señor, ni aun el amor de una hermana debeis esperar de mí; pero Fortun es anciano y yo jóven. Si yo le sobrevivo y os habeis hecho digno de mi amor, entonces le obtendréis, tan honrado y puro como Fortun le tendrá mientras viva.....

14

Ochanda se interrumpió sintiendo pasos en la arboleda.

—¡Huid, huid! añadió á Abendaño, y tomó el camino de la torre, mientras Abendaño se alejaba por la parte opuesta.

Pocos pasos habia dado Ochanda, cuando se encontró con uno de sus servidores, que le dijo iba en su busca, temeroso, como sus compañeros, de que la tardanza de su vuelta fuese efecto de algun grave accidente.

Dos dias despues de este suceso, Fortun, que andaba con los de su parcialidad hácia la márgen izquierda del Ebro, regresaba á su torre de Mariaca. La noche de su llegada dijo á Ochanda que queria celebrar su regreso cenando alegre y amorosamente con ella. Aunque esta era honra á que su marido no la tenia acostumbrada, Ochanda sintió al anunciársela Fortun un terror inesplicable, porque la faz y las palabras del anciano caballero tenian un no sé qué pavorosamente siniestro, aunque Fortun pugnaba por disimularlo.

Al terminar la cena, Fortun hizo traer un licor que decia guardar por esquisito para banquetes tan gratos como aquel, y escanciando por su propia mano una copa de él, se la ofreció á Ochanda, que la llevó á sus lábios sin atreverse á desconfiar de su marido. . . . .

. . . .

El dia siguiente se cubrió con un velo negro

en señal de luto el escudo de armas de la torre de Mariaca porque la hermosa y noble esposa de Fortun, Ochanda de Anuncibay, habia aparecido muerta en su lecho aquella mañana, por efecto, segun declaracion de los maestros del arte de curar, del esceso de alegría que habia esperimentado con el regreso de su amado esposo y señor despues de larga y penosa ausencia.

VII.

Así que espiró Ochanda, envenenada por su marido, que, fiando en informes de las gentes mercenarias que tenia á su lado para espiarla, creia haber sido vendido y deshonrado por ella, un ángel condujo á las puertas del cielo el alma de la esposa mártir y sin mancilla.

Conforme el ángel y Ochanda atravesaban las regiones etéreas, el primero notó con estrañeza que la segunda estaba triste y se alejaba de la tierra como pesarosa.

—Todos los que van al cielo, le dijo, van radiantes de alegría. ¿Por qué tú te entristeces más cuanto más te alejas de la tierra?

—¡Porque en la tierra dejo á un hombre á quien no espero ver nunca!

—¿Le amabas?

—Sí, y esperaba que mi amor y mis consejos

le apartasen de la senda de perdicion eterna por
donde camina. Falto de uno y otros con mi ausencia de la tierra, ¡ya no tiene quien le aparte de
la senda del mal y ya ni en el cielo ni en la tierra
podremos unirnos!

Tal desconsuelo mostró Ochanda al enunciar
esta última idea, que el ángel se contristó y llenó
de compasion al oirla.

—¿Quisieras volver á la tierra? preguntó á
Ochanda.

—Sí, aunque fuese por cortos instantes, porque esos me bastarian para apartar del camino
del infierno al que seguirá el del cielo cuando sepa
que en el cielo me ha de hallar.

—Yo intercederé con el Señor para que te lo
conceda.

Ochanda se regocijó con esta promesa del ángel, que era para ella dulcísima esperanza.

Cuando el ángel y Ochanda llegaron á la pre-
sencia del Señor, el ángel cumplió su promesa.

—Fuiste buena hija y buena esposa, dijo el
Señor á Ochanda, y es mucha mi misericordia
para con los que como tú han orado y llorado mucho. Si tal es tu deseo, torna á la tierra; pero ha
de ser con una condicion precisa, cual es la de que
por cada minuto que permanezcas en la tierra,
has de padecer un siglo en el purgatorio.

—Señor, acepto esa condicion, contestó
Ochanda. .

—Pues torna á la tierra acompañada del guia con que te alejaste de ella, dijo el Señor.

Y Ochanda, acompañada del ángel, volvió á cruzar las regiones etéreas, tornando á la tierra.

Mediaba la noche cuando á la luz de la luna distinguó allá abajo, como en un profundo abismo, los valles nativos en los que resaltaba la torre de Unzueta que señoreaba el valle de Orozco asentada sobre una eminencia.

Brillaba la luz en una de sus angostas ventanas, por la que penetraron invisibles é impalpables Ochanda y el ángel.

Aquella ventana correspondia á la cámara de D. Juan de Abendaño. D. Juan estaba en aquella cámara, pero no estaba solo: una mujer, jóven y hermosa, de aquellas que el arte infernal de la seduccion, en que Abendaño era consumado, arrastraba desenfrenadas y locas de amor en pos de D. Juan á la torre de Unzueta, estaba con él acariciando en su profanado seno la gentil cabeza del «ome endiablado,» como le llamaba el buen Lope García de Salazar.

—¡Don Juan! le decia la desgraciada y culpable barragana, tengo celos de una muerta y no seré feliz á tu lado mientras no los desvanezcas. Tú amabas á Ochanda de Anuncibay, y el amor que aun muerta le tienes, no deja lugar al mio en tu corazon.

—Júrote, hermosa mia, le contestaba D. Juan

colmándola á su vez de apasionadas caricias, que si alguna vez he mentido y desamado á una mujer, esa ha sido mintiendo y desamando á Ochanda. ¿Sabes la oracion que arrancó esta mañana de mis lábios la nueva de su muerte? «En el infierno esté con Judas el traidor,» fué lo que entonces dije, y ese será siempre el responso que por Ochanda rece.

—Rondaste por su amor, primero la torre de Anuncibay y luego la de Mariaca, y arrullaste á Ochanda con enamoradas trovas.

—Mentíle siempre amor, porque no hubiera dado un ardite por el suyo, y solo ansié, primero vengar ofensas recibidas de los de Anuncibay, seduciendo y deshonrando á la doncella que mucho amaban, y luego vengar las recibidas del de Mariaca irritando sus ya rabiosos celos. ¡Amar yo á Ochanda de Anuncibay! No hiciera tal el hijo de mi madre, aunque fuese, en vez de D. Juan de Abendaño, el zafio *Ganorabaco* que ejerce el oficio de bufon de torre en torre solariega desde la Encartacion á Arrátia.

El ángel derramaba lágrimas de compasion contemplando el hondo, el infinito, el inmenso sufrimiento con que Ochanda escuchaba este desvarío de D. Juan.

—¡Tornemos! exclamó el alma peregrina y desolada, con voz solo perceptible para el ángel.

Y ámbos volvieron á cruzar regiones y más regiones tornando al cielo.

El Señor los recibió á las puertas de la bienaventuranza.

—Señor, le dijo Ochanda, señaladme el camino de la expiacion, que resignada estoy á buscar por él la del minuto que he permanecido en la tierra.

—Entra en mi morada y siéntate á mi diestra, le contestó el Señor tomándola amorosamente de la mano; que lo que has padecido durante un minuto en la tierra, escede á lo que padecerias durante un siglo en el purgatorio.

FIN DE UN SIGLO EN UN MINUTO.

EL RUISEÑOR Y EL BURRO

I.

No sé á punto fijo cuándo sucedió lo que voy á contar, pero de su contesto se deduce que debió ser allá hácia los tiempos en que los madrileños se alborotaron y estuvieron á punto de enloquecer de orgullo con la nueva de haber aparecido en el Manzanares una ballena que luego resultó ser, segun unos, una barrica que no *iba llena*, y, segun otros, la albarda (con perdon sea dicho) de un burro. Estos tiempos deben remontarse lo ménos á los del Sr. D. Felipe II (que tenia á los madrileños por tan aficionados á bolas, que les llenó de ellas la puente segoviana), pues ya en los del señor D. Felipe III llamaba Lope de Vega ballenatos á sus paisanos los madrileños.

Pero dejémonos de historia y vamos al caso.

El caso es que el Madrid de entonces se parecia al Madrid de ahora como un huevo á una castaña. No lo digo porque entonces Madrid tirando á monárquico queria hacerse cabeza de leon y ahora tirando á republicano quiere hacerse cola de raton, sino porque la parte meridional del Madrid de ahora estaba aún despoblada, menos la planicie y los declives de allende las iglesias de San Andrés y San Pedro, donde ya existia el arrabal que por haberle poblado moros se llamaba y llama aún la Morería. Todas las demás barriadas meridionales no existian aún, y toda aquella dilatada zona comprendida desde Puerta-cerrada á la banda de la Vírgen de Atocha solo abundaba en barrancos, colinas escuetas y cerrados matorrales, donde se veia alguno que otro ventorrillo, entre los cuales llevaba la gala el que luego fué de Manuela, porque era el único donde se bebia el vino en vaso de vidrio y se comia la vianda con tenedor de madera. En los demás ventorrillos se empinaba el jarro de Alcorcon y se escarbaba en el plato con la uña.

No recuerdo quién ha aconsejado modernamente á los que entran en Madrid por la puerta de Toledo (que son los españoles meridionales, gente más apta que los septentrionales para pescar en este rio revuelto) que dejen á un lado la calle de los Estudios y tomen la del Burro, con lo cual saldrán infaliblemente á la plaza del Progreso, y andando, andando un poco más, se soplarán en el Congreso de los Diputados y aun en los ministerios.

Entonces, como ahora, habia burros en Madrid; pero la señora villa aún no habia dedicado el nombre de una calle á conmemorarlos, como luego hizo y aún sigue haciendo de cuando en cuando, aunque no há mucho tuvo el buen acuerdo de rebautizar con el nombre de calle de la Colegiata á la que se llamaba del Burro. En esto, la señora villa procedió más discreta que Sevilla ha procedido no há mucho poniendo á su calle del Burro calle de D. Alberto Lista, aunque poeta y maestro tan insigne nunca debió creerse destinado á alternar con asnos.

La que en Madrid fué despues calle del Burro, no era entonces tal calle, sino un desierto poblado de maleza por donde nadie osaba pasar temeroso de malhechores, cuya audacia y número eran tales que, para precaver de sus embestidas á la villa, habia cerrado esta la que aún se llama Puerta-cerrada, á pesar de no existir desde 1562, en que se la derribó porque en sus revueltas se escondian los malhechores.

Aún el barrio de la Morería estaba muy lejos de tener la fisonomía urbana (vamos al decir) que hoy tiene: delante de la iglesia de San Pedro habia una alamedica con asientos mal labrados, y las casas, mal alineadas, estaban entreveradas de árboles, alguno de los cuales, como el que dió nombre á la calle del Alamillo, ha sobrevivido hasta nuestros dias ó poco ménos.

El café, el casino, el Prado, la Puerta del Sol
de la Morería era la alamedica de San Pedro,
donde se reunia la gente del barrio, particularmente los disantos despues de la misa mayor. La
misa mayor terminaba á las diez, y al salir de
ella, toda la gente se quedaba allí, á murmurar
los viejos y á enamorar los jóvenes, pues ya entonces chicos y chicas se gustaban mútuamente;
y cuando en la morisca torre de San Pedro sonaban las doce, todo el mundo se iba en busca del
puchero, prévio el «Señor cura, que aproveche
como si fuera leche,» que dirigian al párroco, y
el «A ver si esta tarde venís todos al rosario, que
Alonso va á hacer de las suyas en la letanía,» con
que les contestaba el señor cura, con gran con-
tentamiento de Alonso, el hijo del enterrador,
que estaba presente y se contoneaba al oir estas
últimas palabras.

II.

Señora Maríca la panadera era ya vieja cuando sucedió lo que voy á contar; pero aún conservaba la fama y el prestigio que le habian dado,
durante su juventud y su edad madura, su admi-
rable habilidad y gracia para el canto.

Casi desde mozuela habia andado desde Madrid
á Vallecas con dos borriquillos, con cuya ayuda
conducia diariamente al mercado madrileño el

afamado pan vallecano, industria con que vivia
un tanto holgada y más de un cuanto alegre.

Dos cosas habian sido objeto de admiracion en
Madrid y Vallecas y en el camino intermedio,
durante los muchos años que señora Marica habia recorrido diariamente este camino: en primer
lugar, los cantares de señora Marica, que enamoraban á todo el que los escuchaba, y en segundo,
los borriquillos de la misma, que parecian ser muy
amados de la panadera, segun lo engalanados,
gordos y lúcios que siempre los traia.

—Pero, señora Marica, decian á la panadera
las gentes, asombradas y enamoradas de sus cantares, ¿cómo os componeis para cantar así?

Y señora Marica les contestaba:

El cantar quiere tres cosas:
tener sonora la voz
y frio el entendimiento
y caliente el corazon.

Con lo que señora Marica, á la fama grande
y merecida de cantora práctica, añadió fama no
menos merecida y grande de cantora teórica.

A esto último debió el ser solicitada de las damas y galanes más encopetados de la córte para
que les enseñase el sublime y no aprendido arte
de los ruiseñores, y el que en la córte y diez
leguas en contorno fuese la más respetable autoridad en materia de canto, porque hasta los tiples de la capilla real decian al oirla:

—¡Canario! esa mujer es un prodigio y debemos.confesar que á nosotros mismos nos falta algo para compararnos hasta con sus discípulos.

Los discípulos de Marica estaban reducidos á uno, que era un mozo de su vecindad llamado Alonso é hijo del enterrador de la parroquia, de quien conviene dar pelos y señales.

Marica habia casado y enviudado, quedándole una niña muy hermosa, á quien queria como á las de sus ojos.

.Lucigüela, que así se llamaba la niña, fué creciendo, creciendo, mientras su madre andaba de Madrid á Vallecas y de Vallecas á Madrid; y como retozase con los mozuelos de la vecindad, que era en la calle de los Mancebos, fué tomando querencia al más bruto de todos, llamado Alonso, que ya es muy antiguo esto de enamorarse las mujeres de los que no tienen virtud ni talento y desdeñar á los que tienen ámbas cosas.

Señora Marica, que veia á Lucigüela desmejorada y triste, llamóla á solas una noche y le preguntó la causa de su desmejoramiento y tristeza.

La mozuela echóse á llorar y le confesó que se moria por el vecinuelo Alonso.

Casualmente Alonso era aborrecido de señora Marica, porque aquel mozuelo era maniático por el canto, y como en vez de cantar rebuznase, y dia y noche estuviese dale que le das á los cantares, señora Marica, oyéndole, padecia lo que no es decible.

—Hija, ¡qué puñalada me has dado en este corazon dedicado á amarte! exclamó señora Marica, desfalleciendo de dolor al oir la confesion de la rapaza. Bien sabes que aborrezco á Alonso, no tanto porque canta mal, como porque piensa que canta bien, lo que prueba que no tiene talento para conocerse. Hija, el que no tiene talento para conocer su propio valer, no le tiene tampoco para conocer el valer ageno. ¡Qué será de tí, hija mia, si casas con quien no conozca lo que vales!

Lucigüela, que queria mucho á su madre y veia que para esta era dolor de los dolores el que quisiese á Alonso, prometió á su madre olvidar al vecinuelo.

Pero fueron pasando meses y meses, y señora Marica veia que el desmejoramiento y la tristeza de Lucigüela aumentaban y aún que la doncella lloraba á hurtadillas, segun más de una vez se lo habian dicho aquellos ojos donde ella se miraba.

Otra noche tornó á interrogar á solas á Lucigüela, y esta, que no conocia el mentir, y ménos proguntada de su madrecica, confesóle que no habia podido olvidar á Alonso y que este cada vez mostraba más empeño en requerirla de amores.

Señora Marica preguntóle á la almohada qué era lo que debia hacer para escoger entre dos males el menor, y la almohada le dijo:

—La doncellica morirá ó la faltará poco para morir, si con Alonso no casa. Canto y música, que todo es cantar, domestican fieras, y tú que tanto de canto entiendes, puedes domesticar á Alonso, enseñándole á cantar, aunque nunca lo hará tan bien como ahora rebuzna. Nunca será yerno de tu gusto, que el alcornoque, pulimento puede recibir hasta que brille, mas no dejar de ser alcornoque; pero ganar mal yerno ménos malo es que perder buena hija.

Esto dijo la almohada á señora Marica y esto tuvo señora Marica por lo más acertado.

Lucigüela conformóse con ello muy regocijada, y cuando topó á Alonso en la escalera y la dijo ¡envido! ella le contestó ¡quiero!

Bruto y todo como Alonsico era, placíale más por lo jovencico y de buen gesto, que un caballero del barrio, algo entrado en años y muy honrado y rico, llamado D. Pedro, que bebia los vientos por ella.

Señora Marica llamó aparte á Alonso y le dijo:

—Alonsico, hijo, ya sé que á Lucigüela enamoras.

—Verdad es, señora Marica, y con fin honesto es, contestóle el mancebo.

—Pues si te place casar con ella y ella sigue gustando de tí, licencia mia tendreis los dos; pero si yo gusto de gente que cante bien, no así de gente que cante mal como tú haces. Hijo Alonso,

en punto á cantar no cabe término medio: ó
un buen cantar ó un buen callar, que quien canta bien, parece ángel que á Dios alaba, y quien
canta mal, asnico que rebuzna.

—Si vos, señora Marica, me dierais lecciones
de cantar, como vos cantaria yo, que voz harto
gentil tengo.

Sonrióse señora Marica de la vanidad de Alonso, y le prometió hacer desde entonces con él lo
que con nadie habia querido hacer ni aun por
logrería: darle lecciones de cantar.

Y dándoselas pasó meses y más meses y áun
años enteros, hasta que un dia Alonso ofició misa
mayor en la parroquia del señor San Pedro, sin
que los perros, que nunca faltan en misa aunque
falten cristianos, escaparan al oirle, como habian
hecho en otra ocasion que probó oficiar.

III.

No cantaba bien Alonso, por más que señora
Marica, su maestra, habia puesto empeño en que
saliese discípulo, si no que la honrase, á lo ménos
que no la deshonrase; pero él presumia de hacerlo
á maravilla.

No lo era que él presumiese de diestro; pero
pasmaba que le tuviesen por tal las gentes, inclusa la de iglesia, y todo por la única razon de
que él alardeaba á toda hora y en toda parte de

15

haberle aleccionado señora Marica la panadera.
Bien que esto no era ni es nuevo en el mundo,
porque muchos de los que exclaman ¡ah! ¡oh!
viendo una pintura ú oyendo una música ó nom-
brándoles un libro, no admiran de ciencia propia,
sino de ciencia agena que les ha dicho, á tuerto
ó á derecho, que la pintura, ó la música ó el libro es de admirar.

Decir entonces en Madrid que señora Marica la
panadera habia aleccionado á Alonso en el canto,
era casi casi como decir ahora que le habia aleccionado Caltañazor ó Arderíus ó Mariano Fer-
nandez, que cantan en la mano..

Pero ¿quién habia dado á señora Marica esta
autoridad artística? ¡Quién! El que se la da á los
ruiseñores.

Mientras Alonso reventaba de gloria y orgullo
con su cualidad de discípulo único y predilecto
de señora Marica y con sus triunfos en San Andrés y San Pedro y aún en calle y ventana á
donde salia con frecuencia á cantar, atrayendo,
no ya á toda la Morería, sino á todo Madrid, in-
clusos los tiples de la capilla real, que se des-
nucaba por correr á oirle; mientras esto pasaba,
Lucigüela se consumia de ánsia por casar con
él, porque decia y no sin razon á su señora
madre:

—Madrecica mia, de todos es Alonso menos de
quien más le quiere. Mirlos y ruiseñores cantan

desde la alborada hasta que el sol se pone, pero pasan la noche á solas con la amada compañera. ¡Ay madre, la mi madre, cuánto más dichosas que yo son mirlas y ruiseñoras!

Y señora Marica, persuadida de que las quejas de Lucigüela eran justas, llamó á Alonso y le dijo:

—Hijo Alonso, ya soy vieja para la andanza de Madrid á Vallecas y de Vallecas á Madrid, y esta Lucigüela nuestra no me puede reemplazar, que, delicadica siempre como flor de jazmines que tiembla y quiere caer cuando el más suave céfiro sopla, harto ha hecho y hace y hará vendiendo en el mercado el pan que otros trajeron. Hora es ya que ella y tú caseis en uno y camino de Vallecas me reemplaces, no solo en la guia y cuidado de los borriquillos, sino tambien en los cantares con que más de cuarenta años he alegrado aquellos campos, de suyo tristes, menos desde que el señor San Isidro los viste de florecicas y yerbas que el señor San Juan les quita.

Lucigüela estaba presente al dirigir señora Marica este sesudo discurso á Alonso y temblaba la cuitada sin saber por qué, pues el corazon solo le decia que temblara.

Y Alonso, tras sonreir un poco irónicamente, entre indignado y satisfecho, y meditar otro poco, respondió al fin á señora Marica:

—Señora Marica, con fin honesto he querido

y quiero á Lucigüela, y prueba de ello es que ni siquiera á pellizcos hemos andado; pero casar con ella no puedo ni nunca pensé hacer tal.

—¿Haste tornado loco, hijo Alonso? exclamó señora Marica asombrada de tal respuesta, mientras Lucigüela palidecia como muerta.

—Loco seria yo, repuso Alonso, si de pájaro libre tornase voluntariamente pájaro enjaulado. Enamoréla porque dicen que el pájaro para cantar bien, enamorado ha de estar. Demás de esto, harto sabeis que vengo de gente de iglesia, y casar con doncella que viene de gente mercadera, casar desigualmente seria.

Señora Marica quiso replicar indignada á este sándio razonamiento; pero un grito y un desmayo, al parecer mortal, de la cuitada Lucigüela, hicieron que solo curase de la doncella mientras Alonso se alejaba de ámbas.

Entre la vida y la muerte pasó Lucigüela muchos meses, y al fin convaleció, no tanto del alma como del cuerpo.

Ni su madre ni ella eran para seguir el tráfico del pan vallecano; mas la primera encontró medio de suplirle con una alcancía, en que habia ido echando los ahorros de muchos años, con la venta de los borriquillos y con las lecciones de canto, que al fin se decidió á dar á gentes muy principales, entre ellas, aquel D. Pedro que suspiraba, casi en silencio por Lucigüela.

Entre tanto, Alonso seguia reventando de gloria y orgullo en San Andrés y San Pedro, y áun
en ventanas y calles y plazas, donde la muchedumbre que le oia cantar no escaseaba el ¡oh! ni
el ¡ah! más que por la autoridad del mérito in-
trínseco de su canto, por la que le daba su cualidad de discípulo primero y predilecto de señora
Marica la panadera.

IV.

Ya he dicho lo que pasaba todas los disantos,
despues de misa mayor en la alamedica de junto
á la iglesia del señor San Pedro.

Si esto pasaba fuera, algo aún más digno de
contarse pasaba dentro, y era, que hacia muchos
domingos, señora Marica comenzaba á llorar así
que comenzaba á cantar Alonso.

Habíalo notado la gente y no habia quien no
dijera:

—¡Oh, qué cantor tan diestro ha salido Alonsico el del enterrador con las lecciones de señora Marica, cuando hasta su misma maestra se
conmueve y llora de ternura al oirle! Un ruiseñor
teniamos y ya tenemos otro.

Alonso, á qúien todos daban plácemes y enho-
rabuenas por aquel triunfo, estallaba de vanidad
y de gozo oyendo esto, y más aún viendo que
señora Marica, colocada en la iglesia, donde él

podia verla desde la baranda del coro en que cantaba, de domingo en domingo aumentaba su
llanto.

Aquejábale el deseo de dar gracias á Marica
por aquella aprobacion y aplauso indirecto, pero
esplícito, de su maestría, y decia para sí:

—Aun no saben las gentes todo lo que me
honran las lágrimas de admiracion y ternura que
arranco á señora Marica así que comienzo á cantar. Que conmovamos el corazon que nos ama no
es maravilla, mas sí que conmovamos el corazon
que nos aborrece, como el de señora Marica debe
aborrecerme desde que desdeñé la mano de Lucigüela por desmerecer de mancebo que como yo
viene de gente de iglesia. Como señora Marica es
de suyo reservada, y por esto y por honra propia
habrá callado á todo el mundo que desdeñé casar
con su hija, conviéneme decirlo á todos, y eso
haré cuando más oportuno sea.

Propúsose Alonso un domingo hacer sabedores
á todos los feligreses de que señora Marica no podia resistir sin llorar á moco tendido la influencia
de su canto, y se propuso esto por dos razones,
que son á saber: la primera por si algun feligrés
no habia reparado en el llanto de señora Marica,
y la segunda por regodearse públicamente con la
narracion de su triunfo.

Para motivar más y más esto que meditaba,
propúsose estremar aquel dia los primores de su

canto, de modo que llorasen, no ya solo señora Marica su maestra, sino hasta las mismas losas del templo.

Y así lo hizo. ¡Oh, qué gritos! ¡Oh, qué gorjeos! ¡Oh, qué modulaciones! Y su empeño no fué vano, porque señora Marica lloró entonces más que nunca, desde que Alonso abrió la boca hasta que la cerró.

La alamedica estaba más deliciosa que nunca, porque el sol picaba récio, y bajo aquella enramada no entraba ni el más sutil de sus rayos.

Ni uno solo de los feligreses que salian de misa seguia adelante, que todos quedaban en la arboleda para gozar de alegre plática y de fresca sombra.

Así hizo señora Marica, que aún lloraba al salir de la iglesia.

Alonso salió el último, y viéndola conversando con las comadres mejor quistas en el barrio, encaminóse hácia ella, y la muchedumbre, que lo notó, formóles corro ansiosa de gozar con lo que gozase Alonso oyendo los plácemes de su maestra.

—Señora Marica, dijo Alonso imponiendo á la muchedumbre silencio tal, que hasta el aleteo de las moscas se oia; tiempo há que llorais á mares apenas comienzo á cantar, y no poneis cabo al lloro hasta que yo le pongo al canto.

—Cierto es eso, hijo Alonso, contestó Marica tornando á conmoverse.

—Si aborreciéndome haceis así, ¡qué no hiciérais amándome!

—¡Yo aborrecerte, Alonsico! ¿Por qué te he de aborrecer, hijo?

—Porque Lucigüela moria de amor por mí, y yo, despues de enamorarla, bien que honestamente, neguéme á casar con ella pensando que, viniendo yo de gente de iglesía, desdoraba mi linaje casando con doncella que venia de gente mercadera.

Un murmullo de indignacion, que Alonso tomó por de aprobacion, acogió estas palabras del mozo.

—¡Es posible, señora Marica, continuó Alonso, es posible que vuestro llanto en la iglesia todos los disantos que canto yo sea porque yo canto y no por otra causa!

—Porque tú cantas es, Alonsico.

—Pues dígoos, señora Marica, que si yo reventara ahora mismo de vanidad, nadie pudiera maravillarse de ello, porque en materia de canto, tal autoridad teneis, que por asno quedára aquel á quien dijéseis «como asno cantas,» y por ruiseñor aquel á quien dijéseis «cantas como ruiseñor.»

—¡Cierto, cierto es eso que dice Alonsico! clamó la muchedumbre viendo que señora Marica trataba de declinar la autoridad que el mozo la atribuia.

—¿No me direis, continuó Alonso, por qué mi canto tan hondamente os conmueve?

—Sí te diré, Alonsico, hijo, respondió señora Marica, y para enjugar las lágrimas que tornában á cegar sus ojos, hizo una larga pausa, cuyo término esperaba la muchedumbre impaciente y silenciosa. Deshágome en llanto y se me dislacera el corazon apénas te oigo cantar, porque entonces traes á mi memoria el recuerdo de un asnico que se me murió y rebuznaba lo mismo que tú cantas.

Oir esto la muchedumbre y prorumpir en risotadas y silbidos enderezados á Alonso, todo fué uno.

Despojado de improviso el mozo de la aureola que ceñia su frente, huyó de aquel que creyó ser teatro de su gloria y veia tornado en cadalso de su ignominia, y los mozuelos le siguieron una y otra calle de la Morería, gritándole:

¡Alonsico, Alonso,
rebuznad un responso!

V.

Alonso no tornó á cantar ni en la iglesia del señor San Pedro, ni en la del señor San Andrés, ni en calle, ni en plaza, ni en ventana, ni en parte alguna donde gentes le oyesen.

Aun de la Morería tuvo que mudar vivienda, y solo recatándose, tornaba á la misa de alba, porque los rapaces, erre que erre en perseguirle,

cada vez más sañudos, le tiraban tronchos de col
y fruta laceriada, gritándole:

¡Alonsico, Alonso,
rebuznad un responso!

Y buscando la soledad donde no le persiguiese
nadie más que la conciencia, que basta y sobra
para castigar pecados, hallóla en los espesos matorrales no distantes de la Puerta-cerrada.

Gentes de suyo sobradamente reparonas dirán-
me que en estos altozanos y vallejuelos de la banda izquierda del Manzanares, donde solo se ven
arenicas y mas arenicas áridas y secas como el
ingenio mio, no pudo haber nunca matorrales espesos ni aun ralos.

Gracia me hace, como soy Anton, este reparo,
cuando los cronistas de la villa, desde el licéncia-
do Quintana hasta Capmany y Mompalau, más
licenciado aun, limoneros y todo ponen en las
susodichas arenicas.

Allí, digo, en aquellos espesos matorrales labró
Alonso el del enterrador una chocica y roturó una
heredad, allí vivió luengos años, triste y mal-
quisto de todos, y allí murió más conocido con
el sobrenombre de Burro que con el nombre de
Alonso.

Y cuando poco despues de su muerte se labró
hácia allí el barrió aún llamado Nuevo con ser
tan viejo, y los matorrales tornáronse calle, que
partiendo en dos la heredad que fué de Alonso,

bajaba hácia la Puerta-cerrada, el vulgo nécio llamó calle del Burro á la que inició el desterrado
de la Morería, y tal nombre confirmó, al cabo, la
señora villa, que á las veces es algo arrimadica á
la cola.

En cuanto á Lucigüela y señora Marica, la
primera casó con el honrado y rico caballero que
dejó su nombre á la calle de D. Pedro, y la segunda tornó á entonar dulces cantares que parecian salir de entrañas de madre, así que tuvo nie-
tecicos á quien arrullar con ellos.

FIN DEL RUISEÑOR Y EL BURRO.

TRAGALDABAS

I.

Lesmes era pastor, aunque su nombre no lo
haria sospechar á nadie, pues todo el que haya
leido algo de pastores en los autores más clásicos
y autorizados, sabe que se llamaban todos Nemo-
rosos, Silvanos, Batilos, etc.

Si el nombre de Lesmes nada tiene de pastoril,
ménos aun tiene la persona; pues es sabido que
todos los pastores como Dios manda, son guapos,
limpios, discretos, músicos, cantores, poetas y
enamorados, y Lesmes podia apostárselas al más
pintado á feo, puerco, tonto, torpejon para la música, el canto y la poesía, y el amor estomacal
era el único que le desvelaba.

Lesmes tenia, sin embargo, algo de pastor,
aparte, por supuesto, de lo de guardar ganado:
era curandero. Nadie ignora que la flor y nata de
los curanderos sale del gremio pastoril.

La voz del pueblo, que dicen es voz de Dios,
aseguraba que Lesmes triunfaba de todas las en-

fermedades; pero yo tengo una razon muy poderosa para creer que la voz del pueblo mentia como una bellaca, y, por consiguiente, no es tal voz de Dios ni tal calabaza. Lesmes padecia una terrible hambre canina, á la que debia el apodo de Tragaldabas con que era conocido, y toda su ciencia no habia logrado triunfar de aquella enfermedad.

Un invierno atacó no sé qué enfermedad al rebaño de Lesmes, y en poco tiempo no le quedó una res. Esta desgracia fué doble para el pobre Tragaldabas, porque al perder el ganado perdió la numerosa clientela de enfermos, que le daba, si no para matar el hambre, al ménos para debilitarla. El pueblo, que acudia á él en sus dolencias, dijo con muchísima razon: «si Tragaldabas no entiende la enfermedad de las bestias, es inútil que acudamos á él». Y dicho y hecho: ya ningun enfermo acudió á consultar á Tragaldabas desde que se supo que este no acertaba con el mal de las bestias.

Cansado Lesmes de luchar con el hambre sin conseguir echarle la zancadilla, determinó llamar en su auxilio á la Muerte, cosa que hacen los tontos cuando la tontería se les agrava con la desesperacion.

—¡Señora Muerte! ¡Señora Muerte! empezó á gritar, ¡señora Muerte!

De repente descubrió á la Muerte que salia de

una taberna inmediata y se estaba divirtiendo en
andar al rededor de una de esas pozas de agua
estancada que suele haber en las aldeas á la
puerta ó las inmediaciones de las casas.

—¿Qué se te ofrece, hombre, que tantos gritos
das? le preguntó la Muerte.

—Que haga Vd. el favor de quitarme cuanto
antes del medio á ver si acabo de padecer.

—¿Tenias más que haberte llegado á la casa
de trato donde suelo estar? Pero vamos á ver lo
que te pasa.

—Lo que me pasa es que no me pasa nada por
el pasapan.

—¿Hola, eres aficionadillo al retruécano? ¡Mal
gusto tienes! ¿Conque me llamas porque tienes
hambre, eh?

—Justo. ¿Y lo extraña Vd.?

—Sí que lo extraño.

—¿Por qué?

—Porque en los hartos y no en los hambrientos
es donde por lo comun ejerzo yo mi ministerio.

—Si yo estuviera harto, no la llamaria á Vd.

—Cierto, porque vendria yo sin que tú me lla-
maras.

—En fin, no tengo gana de conversacion. Há-
game Vd. el favor de sacarme de penas dándome
un golletazo con ese chisme que lleva Vd. al
hombro.

—¿Qué chisme, la guadaña?

—Sí, señora.

—La guadaña es solo mi insignia heráldica y no mato con ella á nadie.

—¿Pues con qué mata Vd.?

—Con una porcion de armas mucho más eficaces que este embeleco: con los médicos malos y los curanderos malos y buenos, con los malos gobiernos y los pueblos ingobernables, con los hipócritas de Dios y de la libertad, con el lujo, con los libros escritos por los malos y los tontos, con la indiferencia religiosa, con la vida de café, que vá sustituyendo á la vida de familia, con los dos ó tres mil bribones que en cada nacion pretenden monopolizar la cosa pública.....

—Déjese Vd. de sátiras, y écheme pronto al otro barrio.

—Deseo complacerte porque me has prestado muy buenos servicios mientras has sido curandero; pero si te he de decir la verdad, quisiera que permanecieses aún por acá á ver si vuelves á prestármelos.

—Cualquiera diria, segun lo que repugna á usted el matarme, que no es Vd. partidaria de la pena de muerte.

—Hombre, algo hay de eso.

—Si lo entiendo que me ahorquen.

—Pues es fácil de entender: el servicio que me prestan los muertos es insignificante, porque la tufaradilla con que inficionan la atmósfera desde

que empiezan á corromperse hasta que conclu-
yen, no vale nada comparada con el que me
prestan los vivos. Casi, casi se puede asegurar
que si no muriese nadie moriria mucha más
gente.

—Vamos, Vd. me quiere volver tarumba con
sus paradojas. ¿Me quita Vd. del medio, sí ó no?

—No.

—¿Pero no vé Vd. que entonces me voy á morir de hambre?

—Yo haré que no te mueras.

—¿Cómo?

—Comiendo.

—¿Y cómo voy á comer si no gano un cuarto?

—Yo haré que ganes cuanto quieras.

—¿De qué modo?

—Haciéndote médico.

—Pero si no entiendo de medicina.....

—Pues esos médicos son los que á mí me convienen.

—¿Y dónde están esos?

. —¿Dónde? No me conviene que se sepa.

—¡Si digo que Vd. tiene gana de volverme
tonto!

—Ya lo eres.

—Pues entonces.....

—Entonces me conviene que seas médico, y lo
vas á ser.

—¡Esplíquese Vd. con dos mil de á caballo!

16

—Me voy á esplicar. Así que una persona cae mala, me planto yo á su lado. Si el mal no tiene remedio, me coloco á la cabecera de la cama, y si le tiene, me coloco á los pies. Ya supondrás que cuando Dios me ha dado atribuciones para deshacer su predilecta hechura, que es el hombre, tambien me habrá dado algunas otras ménos importantes.

—¿Y qué atribuciones son esas?

—Una de ellas es la de permanecer invisible.

—¿A los ojos de todos?

—Sí.

—¡Esa es grilla! ¡Mire Vd. si los médicos la verán á Vd.!

—¿Verme á mí los médicos? Tú estás tocando el violon. Pero volvamos á tu medicatura.

—Dirá Vd. á mi curandería.

—¿Por qué?

—Porque no teniendo título seré curandero y no médico.

—Lo mismo dá. Lo que no dá lo mismo es la ignorancia y la ciencia. Pues como iba diciendo, yo soy invisible para todo el mundo y dejaré de serlo para tí. Entras á ver á un enfermo, y si me ves á la cabecera de la cama dices que el enfermo no tiene remedio por haberte llamado tarde; el enfermo se muere y todos dicen: «¡Qué ojo tiene ese D. Lesmes! ¡En echándole ese á uno el fallo, ni toda la veterinaria le salva!» Pero si me ves á los pies de la cama dices que tú respondes de la vida del enfermo, aunque le has encontrado ya medio muerto; le dás cualquiera cosa para hacer que hacemos, y como el enfermo se salva, dicen todos: «¡Este D. Lesmes resucita los muertos!» y no tienes bastantes pies para visitar ni bastantes manos para embolsar dinero. Conque ¿qué te parece mi proposicion?

—Me parece á pedir de boca; pero me ocurre una duda.

—Vamos á ver que duda es esa.

—Yo no puedo creer que me proteja Vd. por mi buena cara, y quisiera saber qué mira se lleva Vd. en ello.

—En primer lugar, la de satisfacer una deuda de gratitud, porque ya he dicho que me serviste en grande cuando eras curandero, y en segundo, la de que vuelvas á servirme.

—¿Y cómo le he de servir á Vd.?

—Te diré: los médicos de gran reputacion son los que á mí me convienen, con tal que su reputacion sea injusta, y de este número serás tú.

—No lo entiendo.

—Tú no entiendes nada, y así me gustan á mí los médicos. Cuando hayas adquirido gran reputacion, te consultarán muchísimas gentes, sanas y buenas, y las pondrás enfermas á fuerza de hacer con ellas barbaridades.

—Está Vd. muy equivocada, que á todo aquel

á cuyo lado no la vea á Vd., le diré que no está enfermo.

—Guárdate de decirle tal cosa.

—¿Por qué?

—Porque, diciéndosela, perderás reputacion y dinero.

—¡Zape! No echaré en saco roto el consejo.

—Aunque es de la Muerte, es saludable.

—Ea, voy á ver si me sale por ahí alguna buena visita y sacó la tripa de mal año. Conque hasta la vista, señora Muerte.

—Hasta luego, Tragaldabas.

Lesmes tomó el camino de un pueblo, cuyo campanario se veia á lo lejos, y la Muerte se fué á otro á intrigar para que el médico y el boticario, que eran amigos suyos, fueran nombrados individuos de la junta de sanidad.

II.

Al llegar Tragaldabas al pueblo, notó gran consternacion en el vecindario, como que hombres, mujeres y niños lloraban como becerros.

Informóse de lo que ocurria, y supo que toda aquella consternacion y llanto eran porque el alcalde del pueblo estaba desahuciado de los médicos.

Y en verdad que el vecindario tenia motivos para idolatrar al alcalde y considerar como una gran calamidad el que Dios se le llevase, porque alcaldes como aquel entran pocos en libra.

Para ser elegido no habia tenido que emborrachar á los electores; no organizaba cada dia, en union de los demás concejales, una comilona, con cargo al capítulo de gastos imprevistos; no se embolsaba las multas, despues de dar al alguacil los picos para que cerrase el suyo; sabia leer; no tenia los abastos del pueblo por medio de testaferro, y, por último, no habia hecho depositario de los fondos municipales á un amigo suyo que le entregase todas las noches la llave de la caja. Dígaseme, en vista de estos informes, si tengo ó no razon para decir que alcaldes como aquel entran pocos en libra.

—¡Ya me cayó que hacer! dijo para sí Tragaldabas. ¡Si visito al alcalde, y sale adelante en su enfermedad, me pongo las botas!

Y dirigiéndose á casa del enfermo, pidió permiso al alguacil, que hacia de portero, para pasar adelante.

Es de advertir que el alguacil era la única persona del pueblo que no podia tragar al alcalde, y todo por la sencilla razon de que este no le daba los picos de las multas como sus antecesores, porque sacaba pocas, y cuando las sacaba las destinaba íntegras al fondo comun.

—¿Para qué quiere Vd. pasar? preguntó el alguacil á Lesmes.

—Para ver al enfermo.

—¡Eso es, para que le mate Vd.!

—¿Cómo que matarle?

—El que mata á las bestias, de juro ha de matar al señor alcalde.

—¡Deslenguado! exclamó Lesmes, indignado del maligno sentido equívoco con que hablaba el alguacil, y penetró en la alcoba del enfermo, á lo que el alguacil no opuso gran resistencia por la razon que más adelante veremos.

A la cabecera de la cama estaba un médico de los más afamados en la comarca, y Lesmes temió por un momento que fuese la Muerte, porque habia oido decir que esta se disfrazaba de médico muchas veces; pero muy pronto se convirtió su temor en alegría al dirigir la vista á los pies de la cama y ver allí á la Muerte.

—¿Qué trae Vd. por aquí? le preguntó la alcaldesa, que, entre paréntesis, tenia muy buenos bigotes.

—Vengo á dar la salud al señor alcalde, contestó Lesmes.

—El señor alcalde, replicó irritado el médico, solo debe ya esperar la salud de Dios y de la ciencia.

—Pues con la ayuda de Dios y de la ciencia se la voy yo á dar.

—¿Ciencia Vd.? dijo el médico con la risa del conejo.

—Ciencia yo, sí señor.

Aunque la ocasion no era para risas; todos, inclusa la alcaldesa, estuvieron á punto de reir á todo trapo al ver la estupidez de aquel zamarro, que creia poder dar la salud á un moribundo, desahuciado de los mejores médicos.

El alguacil se habia acercado á la alcoba, atraido por aquel altercado, y como tenia ganas de que cuanto antes se llevase la trampa al alcalde, y creia muy á propósito á Tragaldabas para despacharle pronto, única razon por que no habia opuesto gran resistencia á la entrada del curandero, tomó la palabra en favor de este, diciendo por lo bajo á la alcaldesa, que repito tenia muy buenos bigotes:

—Señora, eche Vd. noramala á los médicos, que son los que están matando al señor alcalde, resentidos de que apenas hay enfermos en el pueblo desde que él hizo desaparecer todos los focos de infeccion que envenenaban al vecindario.

La alcaldesa era crédula, como lo son casi todas las mujeres, cosa que nos tiene mucha cuenta á nosotros los tunos de los hombres, y creyó de buenas á primeras al alguacil.

—Yo opino, dijo al médico, que si Lesmes insiste en que él es capaz de sacar adelante á mi marido, debemos poner en sus manos al enfermo.

—Señora, exclamó el médico asombrado de la

credulidad de la alcaldesa, ¿está Vd. chispa ó se ha vuelto loca? ·

—Ni lo uno ni lo otro. Vd. y sus compañeros han dado por muerto á mi marido; este hombre dice que él se compromete á resucitarle, y yo quiero probar si le resucita, que de todos modos, de muerto no ha de pasar mi marido.

Oir esto el médico, y tomar la puerta como si le hubieran puesto un cohete en salva la parte, todo fué uno.

A la puerta de la casa habia muchas gentes esperando con terrible ansiedad noticias del estado del enfermo, y al ver al médico, todos corrieron á preguntarle.

—Cuéntenle Vds. por muerto, que ya le está dando el cachete el bruto de Tragaldabas, contestó el médico continuando la fuga.

El llanto del vecindario fué entonces tal que partia las piedras, y en medio del general lloriqueo se oyeron voces de: «¡Muera Tragaldabas!»

Así que salió el médico, Lesmes dirigió la vista hácia la Muerte como para preguntarle si lo hacia bien y vió que la Muerte se habia alejado un buen trecho del enfermo así que el médico salió y le hacia señales de aprobacion con la cabeza.

Lesmes, cada vez más alentado y contento, tocó la barriga del enfermo, cogió unas telarañas del techo, se las puso sobre los párpados al alcalde, y este, que hacia tiempo habia perdido el

conocimiento, poco despues dió señales de reco-
brarle.

—¡Ya tenemos hombre! exclamó Tragaldabas
abrazando, en el trasporte de su alegría, á la alcaldesa, que repito tenia muy buenos bigotes.

En aquel instante el alcalde acabó de volver
en sí, diciendo:

—¡O tengo telarañas, ó he visto abrazar á mi
mujer!

Y como se llevase la mano á los ojos y notase
que, en efecto, tenia telarañas en los ojos ó sus
inmediaciones, se volvió al otro lado y se quedó
tranquilamente dormido.

Poco despues roncaba como un marrano, y el
pueblo, conociendo en sus ronquidos que estaba
ya fuera de peligro, lloraba de alegría y se apre-
suraba á tomar parte en una suscricion que se habia abierto para recompensar dignamente al que
habia salvado al popular alcalde (que no es lo
mismo que alcalde popular), suscricion con que
Lesmes se puso las botas, botas que autorizaron á
Lesmes á anteponer á su nombre el don, y don
que dió á Lesmes la apariencia de persona decen-
te, que es lo único á que aspira el don.

III.

La cura del alcalde consabido habia dado á don
Lesmes una reputacion bárbara, y esta reputa-

cion crecia como la espuma con las admirables
pruebas de acierto que cada dia daba el ex-pastor.
Si D. Lesmes decia: «este enfermo se muere,» el
enfermo se moria, aunque su enfermedad consis-
tiese en la picadura de una pulga; y si, por el
contrario, decia: «este enfermo se salva, » el enfermo se salvaba, aunque su enfermedad consis-
tiese en la picadura de una culebra de cascabel.
El ojo de D. Lesmes era ya más célebre que el del
boticario de la pedrada.

Cuéntase (y por sabido lo callara yo si no viniera tan á cuento) que cierto sugeto llamó á un
médico y le dijo que estaba enfermo sin saber cuál
fuese su enfermedad, pues no le dolia nada.

—Lo más raro de este pícaro mal, añadió, es
que tengo buen humor, buen sueño y buen apetito.

—Pues no le dé á Vd. cuidado, le dijo el médico, que ya le quitaremos á Vd. todo eso.

Y en efecto, á fuerza de cama y medicinas y
dieta y sobaduras, le quitó todo aquello, es decir,
el buen humor, el buen sueño y el buen apetito.

D. Lesmes era llamado con frecuencia por personas á cuyo lado no veia á la Muerte, lo que pro-
baba que se le llamaba para curar un mal imagi-
nario. A pesar del encargo que le habia hecho la
Muerte de que se acordara de desengañar á tales
enfermos, al principio los desengañaba, porque
proceder de otro modo le repugnaba mucho; pero

pronto tuvo que abandonar tal sistema. Los pretendidos enfermos á quienes no ponia en cura porque no lo necesitaban, le echaban enhoramala diciendo que era un bruto que no entendia su enfermedad, é iban á dar su dinero á otro médico, á quien ponian en las nubes porque los jaropeaba de lo lindo.

En vista de esto, D. Lesmes se decidió á seguir el consejo de la Muerte, quitándoles, como el médico del cuento, el buen humor, el buen sueño y el buen apetito á fuerza de cama, medicinas, dieta y sobaduras.

Repito que la fama de D. Lesmes crecia como la espuma. A los médicos se les llevaba con razon el diantre al ver que un intruso en su facultad no les dejaba ganar un cuarto, y rabiaban por acudir al subdelegado de medicina para que pusiese las peras á cuarto á D. Lesmes; pero era la gaita que en aquel país no habia tal subdelegado ni tal niño muerto, porque allí era enteramente libre el ejercicio de la medicina. Señor, ¿que un enfermo era tan animal que llamaba á un albéitar en lugar de llamar á un médico y reventaba con la medicina que le daba el albéitar? En el pecado llevaba la penitencia. ¡Pues no faltaba más que no se permitiera en un país civilizado y libre curar los enfermos sin licencia del gobierno, cosa que se permite en la misma Africa, tan atrasadota y bárbara que muchos españoles emigran á ella!

Pero á pesar de su gran reputacion y su numerosa clientela, Tragaldabas no ganaba lo bastante para satisfacer el hambre canina que siempre le habia devorado y que era cada vez mayor, hasta el punto de parecer insaciable.

—Es tontería, decia para sí D. Lesmes, para comer y beber como yo deseo, se necesita una renta de diez mil duros al año, y no gano la mitad, aunque hago la infamia de no desengañar á los enfermos imaginarios. Está visto que como no tenga la suerte de que algun rey, príncipe ó señoron así me nombre su médico de cámara, nunca me veré harto.

Sucedió por aquel tiempo que el rey cayó gravísimamente enfermo; y por más que los médicos de cámara se despepitaban por aliviarle, no lo conseguian.

La fama de D. Lesmes habia llegado ya á la córte; porque las famas inmerecidas tienen cuatro alas, y las merecidas una y un alon. No faltó quien aconsejase á S. M. que le hiciese llamar, cosa que puso hechos unos basiliscos á los médicos de cámara, que decian con muchísima lógica: «Cierto que nosotros no podemos salvar al rey; pero si por casualidad ese hombre sabe más que nosotros y le salva, ¡qué será de nosotros!»

Cuando D. Lesmes recibió la noticia de que el rey le llamaba, temió morirse de alegría; pero no viendo por allí á la Muerte, se tranquilizó y emprendió el camino de la córte diciendo:

—A la córte voy, y milagro será que allí no consiga matar el gusanillo, porque..... dejémonos de cuentos, para matar el hambre no hay como el presupuesto de la nacion.

IV.

Ya nadie daba un ochavo por la vida del rey cuando Tragaldabas llegó á la córte. El rey era muy amado de su pueblo; pero la gente elegante (aunque no toda, por supuesto) se puso de mal humor cuando corrió la voz de que acababa de llegar un médico que probablemente salvaria á S. M., y era porque ya habia consentido en lucir sus ricos trajes en el entierro de S. M. y en las fiestas de la coronacion de su sucesor.

¡Qué! ¿Dicen Vds. que esto es inverosímil, que tengo muy pobre idea del corazon humano? Pues yo les contaré á Vds. un cuento que no lo es. Ustedes habrán oido hablar mucho y bien de la señora de Lopez, muy conocida en la buena sociedad de Madrid por su elegancia y caritativos sentimientos, de que hablan con frecuencia los periódicos. Pues una mañana que Madrid se despoblaba para ir á ver apretar el gañote á un reo, (operacion que debe ser en estremo ingeniosa y divertida cuando el pueblo que debe ser el más

culto de España gusta de presenciarla) supe al
llegar á la puerta de aquella elegante y caritativa señora, que el reo habia sido indultado por la
reina doña Isabel II, y como precisamente en
aquel instante viese á la señora de Lopez bajar
por la escalera, deslumbradora de belleza y elegancia, me apresuré á decirla: «Señora, no se
moleste Vd. en salir, que la reina ha perdonado
al reo.» Y la señora de Lopez haciendo un gesto
que parecia quererse tragar á la reina, se volvió
atrás exclamando:—¡Qué fastidio!

Cuando D. Lesmes penetraba en la cámara ré-
gia, las piernas le temblaban como campanillas
temiendo ver á la Muerte á la cabecera de la cama del augusto enfermo, en cuyo caso, como hay
Dios, habia hecho buen viaje!

Sus temores no eran infundados, porque apenas
entró, lo primero que se echó á la cara fué á la
Muerte, que estaba agazapada á la cabecera de la
cama para lanzarse sobre el rey como el gato que
se agazapa junto al agujero para lanzarse sobre
el raton.

El alma se le cayó á los pies á D. Lesmes al
verla; pero repuesto un poco de su desmayo, tuvo
de repente una idea luminosa de esas que inspira
el hambre, su eterna compañera.

—¿Cómo se encuentra V. M.? preguntó al rey.

—Mal, rematadamente mal, contestó el enfermo hecho un veneno. Ya te puedes dar prisa á

aliviarme un poco, porque si no va á haber aquí una catástrofe de cinco mil demonios.

—Tenga V. M. un poquito de cachaza, que todo se andará si la burra no se para. Por de contado, que vengan aquí cuatro mozos de cordel.

—¿Qué barbaridad vas á hacer conmigo, hombre? exclamó el rey sobresaltado.

—No hay barbaridad que valga. Que vengan cuatro mozos he dicho.

Cuatro mozos de cordel aparecieron inmediatamente en la cámara.

—Cojan Vds. esa cama, les dijo D. Lesmes, y colóquenla al revés, ó, lo que es lo mismo, la cabecera donde están los pies, y los pies donde está la cabecera.

Los mozos lo hicieron así, y la Muerte se encontró sin saber cómo ni cuándo á los pies de la cama en lugar de estar á la cabecera.

D. Lesmes miró con aire de triunfo á la Muerte, y conociendo en los gestos de ésta que le decia: «¡Amigo, me has hecho una pillada que yo no esperaba de tí!» D. Lesmes se llevó la mano á la barriga como contestándole: «Señora, Vd. perdone, que el hambre aguza el entendimiento y endurece el corazon.»

La Muerte iba á mandar un recado á su jefe á ver si le permitia inutilizar la jugarreta de don Lesmes, volviéndose á colocar á la cabecera de la cama del enfermo; pero desistió de ello asaltada por una idea luminosa que á su vez tuvo cuando Tragaldabas se tocó la barriga. Tambien el hambre inspiró aquella idea á la Muerte, que siempre tiene hambre de carne.

—¿Sabes, dijo el augusto enfermo, que me siento mucho mejor desde que me han puesto al revés la cama? Es verdad que los reyes estamos tan acostumbrados á que nos lo pongan todo al revés.....

—Pues qué, ¿creia V. M. que yo no sé dónde les aprieta el zapato á los reyes? Donde á los reyes les aprieta el zapato es en el pie de los calafates que andan á su lado.

—Y lo más raro es que nosotros y el pueblo cojeamos y ellos andan tan campantes.

—Déjese V. M. de conversacion y que le traigan un ensopadillo de lonjas de jamon y medio cuartillete de buen Valdepeñas.

—¿Y crees tú que no me hará daño?

—¿Daño el jamon y el vino? Hombre, no diga V. M. barbaridades. Para que V. M. se convenza de que estoy seguro de que no hace daño, voy á comer y beber de lo mismo.

—Sí, pero.....

—No hay pero que valga. Para probar que mis medicinas no son nocivas, me atraco yo de ellas antes que el enfermo, como voy á hacer ahora mismo, y estamos al fin de la calle.

—Pero como tú no estás enfermo.....

—Cierto que no lo estoy; pero en cambio vuestra magestad solo va á tomar unas raspas de jamon y un sorbo de vino y yo me voy á poner de uno y otro como una pelota.

—En fin, venga el esopadillo y el trago sin necesidad de que tú lo pruebes antes.

—¿Cómo que no lo he de probar? Lo que yo prometo lo cumplo. ¡Pues no faltaba más, hombre! Con permiso de V. M. voy al comedor, y hasta que yo no me ponga de jamon y vino que lo alcance con el dedo, no consentiré que á V. M. le traigan su racion. Para que aprovechen las medicinas se han de tomar con fé y para que V. M. la tenga en la que yo le he recetado, lo mejor es que vea lo provechosa que á mí me ha sido.

Tragaldabas bajó al comedor, y tal se puso el cuerpo de jamon y vino, que todos pensaron iba á dar un estallido. En seguida subió su racion al rey, que se la echó al coleto con tanta más fé, cuanto que veia al médico más alegre que unas pascuas y más colorado que un tomate.

D. Lesmes se volvió á acordar en aquel instante de la Muerte, de quien se habia olvidado mientras comia, olvido en que incurren todos los glotones, y por más que miró y remiró no la vió en la real cámara, lo cual era prueba evidente de que el rey se habia salvado.

Pocos dias despues, el rey estaba completamente restablecido de su grave enfermedad y

17

señalaba á D. Lesmes una pension vitalicia de
diez mil duretes al año en recompensa del servicio de padre y muy señor mio que le habia prestado.

VI.

Con motivo de la asombrosa facilidad con que
D. Lesmes habia salvado de la muerte al rey, que
ya la tenia al ojo, á D. Lesmes le llovian las visitas, porque ¡cómo no habia de aprovechar á los
vasallos lo que habia aprovechado al rey! La
fuente del Berro es casi la peor que hay en Madrid y sus cercanías; como que sus aguas, aunque abundantes, claras y frescas, son tan duras
que para digerirlas se necesita tener una de estas dos cosas: ó estómago de perro ó costumbre
de beber de ellas ú otras semejantes. Y, sin embargo, el público las tiene por las mejores de Madrid y sus cercanías por la única razon de que
las bebian los reyes (y volverán á beberlas).
Cuando Cárlos III vino á Madrid, como estaba
acostumbrado á las aguas de Nápoles, que son
gordas, le sentaron mal las de Madrid, que son
delgadas. Buscáronse aguas que se pareciesen
todo lo posible á las de Nápoles, y como el rey
probase las del Berro y le sentasen bien, continuó
bebiéndolas, y desde entonces aquella fuente vino
surtiendo á Palacio, porque acostumbrada la fa-

milia real á sus aguas, le sentaban al parecer bien. El público, que veia todos los dias conducir á Palacio, en relucientes cántaros, el agua de la fuente del Berro, cuya injusta reputacion prueba que en la córte la frescura y no el verdadero mérito es lo que priva, cree que la fuente del Berro es un prodigio, y el público que veia conducir todos los dias á Palacio en relucientes carrozas á D. Lesmes, creia que D. Lesmes era tambien un prodigio de ciencia médica. A pesar de esto, las visitas no le daban á Tragaldabas para matar el hambre, que cada vez era más devoradora.

—Está visto, decia para sí D. Lesmes, que no me veré harto hasta el dia que cobre la primera mesada de mi pension. Lo que es ese dia, ¡juro á bríos Baco que me he de poner bueno el cuerpo!

Lo que tenia inquieto á D. Lesmes era la Muerte, porque no era tan lerdo que no sospechase que aquella señora le preparaba alguna emboscada en venganza de la partida serrana que le habia jugado en Palacio.

Algunas personas que la vieron en las fondas, tabernas, casas de juego, etc., etc., que eran los sitios que más frecuentaba, notaron que se ponia hecha un veneno cuando le hablaban de D. Lesmes, y luego se sonreia siniestramente como diciendo: «Dejen Vds. por mi cuenta á ese Tragaldabas, que no tardará en pagármelas todas juntas.»

Por fin llegó el gran dia para D. Lesmes: el dia de pescar la primera mesada de su pension.

Aquel dia se dió tal atracon, que reventó de lleno ántes de levantarse de la mesa, y al cerrar por última vez el ojo, vió á su lado á la Muerte, que le dijo con un tono capaz de matar á un caballo:

—¡Pensabas, pedazo de animal, que á los médicos les es lícito jugar con la Muerte! Pues te equivocabas de medio á medio, que á los médicos solo les es lícito jugar con la Vida.

La moral de esta narracion, en que la Muerte no desperdicia ocasion de morder á los médicos, es que los médicos como Dios manda hacen muy mal tercio á la Muerte, y por consiguiente son utilísimos á la humanidad. Conque, señores médicos, á ver si Vds., á fuer de agradecidos, se esmeran en la asistencia del autor de esta narracion, que es el pueblo. Por lo que á mí hace, declaro que si Dios me hubiera dado siquiera una pizca de la gracia y la malicia que se necesitan para cultivar la sátira, la emplearia para satirizar á los curanderos titulados, que son aún más numerosos que los titulados curanderos.

FIN DE TRAGALDABAS.

EL PRIMER PECADO

~~~~~~

I.

¿Quién no recuerda haber oido á su madre la historia de un gran criminal que empezó su triste carrera robando un alfiler y la terminó muriendo ajusticiado en un patíbulo? Historia muy parecida á la de este desdichadó es la del pueblecito de San Bernabé, sobre cuyas solitarias ruinas, cubiertas de zarzas y yezgos y coronadas con una cruz, como la sepultura de los muertos, me la contaron una melancólica tarde á la sombra septentrional de la cordillera pirenáico-cantábrica.

II.

En una de aquellas colinas, pertenecientes al noble valle de Mena, hoy perteneciente á la provincia de Burgos, aunque la naturaleza y la historia le hicieron hermoso y honrado pedacito de Vizcaya; en una de aquellas colinas que se alzan entre Arceniega y el Cadágua, dominadas por la gran peña á cuyo lado meridional corre ya caudalosísimo el Ebro, existia desde el siglo VIII un santuario dedicado al apóstol San Bernabé.

Este santuario era uno de los muchos que hay desde el Ebro al Océano, separados por un espacio de diez leguas, debidos á la piedad de aquella muchedumbre de monjes y seglares que se refugiaron en aquellas comarcas cuando los mahometanos invadieron las llanuras de Castilla y se detuvieron en la orilla meridional del gran rio sin atreverse á pasar á la opuesta, en cuyas fortalezas naturales los esperaban amenazadores y altivos los valerosos cántabros, reforzados con los fugitivos de Castilla.

Mientras la guerra fué el estado normal de la Península ibérica, las comarcas de aquende el Ebro (escribo orilla del Océano cantábrico) se vieron casi despobladas, porque sus moradores, ya movidos por su carácter belicoso, que no pudo domar por completo la soberbia Roma, como lo prueba aún la existencia de la lengua ibérica, que aquí no cedió el puesto á la romana, como en el resto de la Península, ó ya obedeciendo á sus particulares instituciones, en vez de manejar la ésteva y la azada, manejaban la ballesta y la lanza.

Cuando con la completa espulsion de los mahometanos de la Península hispánica, casi señoreada por ellos por más de siete siglos, y más tarde, con la institucion de los ejércitos permanentes y

la regularizacion de las relaciones internaciona-
les, lá guerra dejó grandes períodos de descanso
y respiro á España, estas comarcas vieron aumentar notablemente su poblacion, antes tan mermada, que aun, á fines del siglo XVI se hizo constar
en un documento oficial y solemne que en Vizcaya,
cuyo número de habitantes apenas pasaba de se-
senta mil, existian diez mil viudas, cuyos maridos habian muerto en defensa de la patria. La
patria, por cuya gloria habian dado la vida diez
mil vizcainos, era Castilla, era España, cuyas
glorias y tribulaciones siempre tuvo Vizcaya por
tribulaciones y glorias propias, así mientras no
la ligaban á ella más vínculos que los de la her-
mandad y la fé, como desde 1379 en que se
incorporó á la corona de Castilla, por haber as-
cendido al trono castellano sus señores condicio-
nalmente hereditarios.

III.

Cuando en tiempos relativamente muy próximos á los nuestros, la poblacion de aquende el
Ebro crecia, crecia de modo que no quedaba va-
llecito al pie de las montañas, ni rellano en las
faldas y áun en las cimas de estas que no fuese
utilizado para la poblacion y el cultivo, llegó al
santuario de San Bernabé, entonces solitario y
aislado en la cumbre de una colina, un peregri-

no, cuyo cuerpo estaba lleno de cicatrices, adqui-
ridas luchando valerosamente por la gloria de su
patria, España, en los campos de Flandes ó en los
mares ausónicos. Era un soldado cántabro que
habia prometido al Apóstol visitar su santuario si tornaba á ver las amadas montañas de la
patria.

Decidido á trocar la azarosa é inquieta vida del
soldado por la segura y pacífica del labrador,
que habia sido la de su primera juventud y se
aviene mejor con la edad provecta, pidió con ar-
diente fé al santo apóstol que iluminase su inteligencia al escoger el rincon del mundo donde,
con más honra de Dios y de la sociedad civil, habia de pasar el resto de su vida; y como, al salir
del templo, echase de ver que á la sombra de este
se estendian, primero en suave declive, y luego
en apacible llano, terrenos incultos, soleados y
cubiertos de una espesa capa de mantillo vegetal,
que prometian pingües cosechas de cereales, le-
gumbres, frutas y vino, entendió que aquel era el
sitio que el apóstol le designaba para la ereccion
de su hogar.

Apoyado en las leyes que aseguraban la propiedad de los terrenos incultos y no enagenados,
á sus roturadores, quebrantó algunas aranzadas
de terreno, y tales resultados obtuvo de este trabajo, que en seguida labró una casería en la cabecera de las nuevas roturas y casó con una honra-

da doncella de aquella comarca que dió calor á su corazon y su hogar.

Pocos años despues, San Bernabé era un pueblecito de veinte fogueras cuya prosperidad envidiaban todos los de la comarca.

IV.

En verdad, en verdad os digo que los vecinos de San Bernabé eran dignos de ser envidiados. Aldea tan sana y alegre y rica y feliz como aquella no existia desde el Ebro al Océano cantábrico, donde ya existias tú, ¡oh, mi dulce aldea nativa! que si nunca has sido rica, siempre has sido sana y alegre y relativamente feliz, menos cuando la guerra que Dios y los hombres maldigan ha estendido, como ahora sucede, sus negras alas sobre tí.

San Bernabé tenia cirujano propio, porque no se dijera que cuando Dios colmaba de prosperidades al pueblo, este trataba de escatimar algunos miles de reales; pero lo cierto era que el cirujano se aburria por no saber en qué pasar el tiempo, pues allí solo se conocia una enfermedad, si bien tan grave que no tenia cura: esta enfermedad era la vejez, que en San Bernabé no solia notarse hasta los setenta años.

Unicamente abundaban en el pueblo los partos,

porque las sambernabesas eran las pícaras muy fecundas; pero aun así se aburría el pobre facultativo, porque como las mujeres eran muy sanas y robustas, al dia siguiente de parir estaban como si nada hubiera sucedido. En golpes de mano airada ne tenia que pensar, y esto tenia una explicacion muy lógica y sencilla: dice el refran que donde no hay harina todo es mohina, ó, lo que es lo mismo, todo es trancazos; y como en San Bernabé no habia casa donde la harina no sobrase, todos vivian como hermanos y jamás en la aldea habia un quítame allá esas pajas.

Los campos, que por término medio suelen dar de peñas arriba el diez por uno de cereales, daban en San Bernabé el diez y seis ó veinte.

Luego, como en torno de la colina en que se alzaba la aldea, coronada por su iglesita románico-bizantina, con remiendos ojivales, se estendian dilatados encinares, con cuya bellota se cebaban centenares de cerdos, y dehesas no menos dilatadas, donde millares de ganados reventaban de gordos todo el año, el vecino más pobre tenia cuanto jamon, cecina, carne fresca y leche necesitaba para el gasto de la casa, y cada año sacaba un dineral del sobrante.

El vino que se cosechaba en San Bernabé era flojito, pero el pícaro se dejaba beber que era una delicia, y alegraba sin emborrachar, que es lo que deben hacer los vinos como Dios manda.

En cuanto á la abundancia y calidad de las frutas de San Bernabé, bastará decir en su elogio que desde que coloreaba la primera cereza hasta que lloraba el último higo, todos los pájaros de ámbas orillas del Ebro trasladaban su residencia á San Bernabé, donde á todas horas armaban una música que arruinaba y desacreditaba á los tamborileros. Solamente la miel que exportaban los sambernabeses importaba muchos miles al año, porque era tan abundante como rica, merced á la abundancia de flores y plantas aromáticas que embalsamaban en todo tiempo aquel paraiso.

V.

Pues si la abundancia reinaba en todas las casas de San Bernabé, ¡no digamos nada de la que reinaba en la depositaría del municipio!

Los gastos de este eran relativamente enormes, porque cirujano, escuelas de ámbos sexos, alguacil, pastor, guarda de campo, sereno, todos estaban espléndidamente dotados. Y en obras públicas, tales como el empedrado de la única calle de la aldea, la compostura y conservacion de paseos y caminos y limpieza del riachuelo para que sus aguas no se estancasen y produjesen tercianas, se gastaba un sentido.

Aun así, la depositaría municipal rebosaba.

siempre dinero, y eso sin necesidad de repartos
vecinales, sisas ni arbitrios de ninguna clase: en
un solo dia del año, con un módico lucro en la
venta del vino y otros artículos foráneos, que se
reservaba para ese dia el ayuntamiento, sacaba
este recursos más que sobrados para todas sus
obligaciones. Este dia era el del santo titular, que
se celebraba el once de junio, en la estacion de
las flores y las cerezas.

Ya desde tiempo inmemorial era muy concurri-
da la romería de San Bernabé; pero el ayuntamiento del pueblo habia encontrado medio de llevar á ella la cuarta parte de los habitantes de
las provincias de ámbas orillas del Ebro, y este
medio consistia en la preparacion de magníficas
funciones de iglesia, toros (¡ya pareció aquello!),
comedias, fuegos artificiales, partidos de pelota,
bailes, rifas á favor de los forasteros, músicas y
fuentes públicas de vino y leche, cuyo programa
se fijaba con la debida antelacion en el pórtico de
todas las iglesias de los pueblos comarcanos.

El dinero que dejaban en San Bernabé los forasteros que acudian á estas fiestas, bastaba para
enriquecer á los vecinos en particular y al ayuntamiento en general.

VI.

Para que todo fuese dicha en San Bernabé,

aquella aldea hasta tenia la de que los pedriscos que desolaban todos los veranos los campos de los lugares cercanos, no tocasen los suyos. Y esto se debia á la sábia prevision de los sambernabeses.

Los curas de Biergol, pueblecillo de aquella comarca, tenian desde tiempo inmemorial fama de singular virtud para conjurar los nublados y la oruga, como consta en el archivo municipal de Balmaseda, cuyo ilustre y progresista hijo (ó poco menos, pues nació en Carranza y se crió en Balmaseda), el difunto D. Martin de los Heros, muy dado á este género de investigaciones históricas, averiguó que la noble villa debió infinitas veces á aquella virtud la salvacion de sus amados viñedos.

Los sambernabeses, que no tenian pelo de tontos, se empeñaron en que se habian de hacer con un señor cura natural de Biergol, costase lo que costase, que en cosas tan santas y útiles no se debia escatimar dinero, y se salieron con la suya, aunque no habia en el mundo mas que un señor cura natural de Biergol.

Esta adquisicion les dió soberbios resultados. Asomaba la tempestad, rugiendo como un leon y negra como el pecado, por las cimas de Ordunte ó el Cabrío, ó Angulo, ó Gorbea, ó Colisa, ó Pagazarri, y el Sr. D. José, que así se llamaba el cura biergolano, se encaraba con ella hisopo en mano desde el campo de la iglesia mientras el sacristan tocaba á *tente-nube*, como diciéndole: ¡anda, chi-

quita, atrévete á venir acá, que ya nos veremos
las caras! La tempestad bramaba de coraje ante
aquel desafío, y avanzaba, avanzaba echando
rayos y centellas y piedras y demonios colorados
sobre los campos de los lugares cercanos á San
Bernabé; pero antes de llegar á la jurisdicion de
esta aldea, se paraba palpitante de ira, lanzaba el
trueno gordo para desahogarse un poco, daba
media vuelta á la izquierda ó á la derecha de San
Bernabé y continuaba su camino mientras los sambernabeses seguian al señor cura á la iglesia para
entonar el *The-Deum* por la victoria obtenida sobre el mónstruo que amenazaba sus fértiles y
benditos campos.

Solo un pesar lastimaba á los felices sambernabeses, y era la envidia que les tenian los habitantes de los pueblos comarcanos, y singularmen-
te los de Biergol, que, segun sus sospechas, andaban siempre sonsacando al señor cura, su paisano,
para que se volviese á su pueblo, que no tenia
la dicha de poseer un señor cura natural del
mismo.

VII.

Describamos de cuatro plumadas la poblacion
de San Bernabé para que así se comprenda mejor
lo que en ella pasó.

De la iglesia parroquial se podia decir lo que se decia de una casita de recreo que hicieron unos amigos mios cuya estatura venia á ser la de un perro sentado:—¡Han hecho Vds. una casa muy linda! les deciamos un dia contemplando el nuevo edificio.—Chiquitita, contestó modestamente uno de los dueños.—Pero para Vds. bastante, les replicamos. La iglesia de San Bernabé era chiquitita, pero para el pueblo, bastante. Como he dicho, coronaba la colina dominando las montañas de las Encartaciones de Vizcaya y gran parte de los valles de Mena, Tudela y Ayala.

Un gran campo sombreado de seculares encinas, cerezos y nogales, á cuyo pie habia asientos de piedra y una gran mesa de la misma materia para los ayuntamientos abiertos, remates y otros actos de la comunidad, rodeaba la iglesia, prolongándose en semicírculo por el declive oriental de la colina como para buscar la calle de la aldea que estaba hácia aquel lado y empezaba donde el campo concluia.

A un estremo de esta prolongacion estaba la casa consistorial, cuyo piso bajo ocupaban las escuelas y la habitacion del maestro y la maestra, que eran marido y mujer; el principal, la sala y otras dependencias municipales, y el superior, las habitaciones del alguacil y otros dependientes del concejo.

Al estremo opuesto estaba otra casa de dos pisos que ocupaban el señor cura, el sacristan y el cirujano.

Por último, las veinte casas restantes, entre las cuales se distinguia por su escudo de armas, su gran balcon y su venerable aspecto de antigüedad la de los descendientes del poblador de San Bernabé, formaban una ancha calle de diez en cada hilera, con medianería de hermosos huertecillos, en el declive oriental de la colina, empezando, como he dicho, donde concluia el campo y terminando donde empezaban las heredades que circuian toda la colina y descendiendo al llano, se dilataban por él, formando corta, pero fertilísima vega.

Para acabar con descripciones que siempre son pesadas, y más hechas por plumas tan á la buena de Dios como la mia, dos rengloncitos que den á conocer al señor cura, aunque bastante se dará él á conocer durante esta verídica narracion en que lo único que tengo que inventar es el modo de decir las cosas un poquito mejor que las dice la gente de quien las averiguo. El señor cura de San Bernabé era lo que en el lenguaje familiar llamamos un bendito; tenia en el corazon el máximum de la fé y la bondad que se necesitan para ascender al cielo y en la cabeza el mínimum de la inteligencia que se necesita para ascender al sacerdocio.

VIII.

Era una tarde del mes de julio, y los vecinos de San. Bernabé andaban muy ocupados con la siega del trigo y con lo resalla (ó rescarda) del maiz. El sol se escondia ya tras las cordilleras de Ordunte, rojo como la *zamarra* que voltean bajo el enorme mazo los *ola-guizones* del Cadagua.

El señor cura, que compartia las caiditas de las tardes de verano entre un hermoso loro que tenia siempre en el balcon y un desportillado breviario que tenia siempre en el bolsillo, hizo una caricia al loro, y saliendo al campo, se sentó al pie de una encina á leer su breviario.

Una mujer pasó, viniendo de hácia las heredades, y entre ella y el señor cura se entabló el diálogo siguiente:

—Buenas tardes, señor D. José.

—Buenas te las dé Dios, Juana. ¿Vas ya de retirada, eh?

—Sí, señor, voy á preparar la cena, porque aquellos pobres ya tendrán gana.

—¡La siega es trabajo muy pícaro!

—Calle Vd., señor, si al cabo del dia tronza el espinazo y los brazos, y más aquí que pesa tanto la espiga.

—Este año parece que está bueno el trigo.

—Como todos los años. ¡No parece sino que

18

Dios derrama todas sus bendiciones sobre San Bernabé!

—¡Es lástima que no conceda igual beneficio á los pobres pueblos inmediatos!

—Ánde Vd., señor, que bien merecido lo tienen por envidiosos.

—Mujer, no digas eso.

—¿Y por qué no lo he de decir? ¡Ay, señor don José, ya se conoce que Vd. no es del pueblo!

—¿Tambien tú sales con esas chocheces? Para el sacerdote todos los pueblos son uno, porque todos los hombres, vivan donde vivan, son hijos de Dios, y, por consiguiente, hermanos.

—Sí, pero á cada uno le tira su pueblo más que los otros, como le sucede á Vd.

La mujer continuó su camino, y poco despues, de la chimenea de su casa se alzaba una azul humareda. Sucesivamente fueron pasando otras mujeres, teniendo parecida conversacion con el señor cura, y sucesivamente fué alzándose el humo de todas las chimeneas.

IX.

El sacristan atravesó el campo dirigiéndose á la iglesia y tocó á la oracion. Ya entonces conversaban con el señor cura algunos vecinos que iban llegando de las heredades y se iban sentando bajo las encinas para descansar, charlar un poco y echar una pipada, mientras en su casa se preparaba la cena.

El señor cura, al oir el toque de la campana, se levantó, se descubrió la cabeza y todos le imitaron. Rezadas las Ave-Marías, que dirigió el señor cura, todos volvieron á sentarse, á fumar y á charlar.

Poco á poco fueron llegando otros vecinos, hasta reunirse allí casi todos los de la aldea.

Hácia el camino del monte, que subia dando rodeos por la falda occidental de la colina, sonaron cencerrillos de ganado, y un momento despues aparecieron en el campo todas las cabras y ovejas del pueblo, que en verano dormian al aire libre en dos grandes rediles, colocados, el de las ovejas, delante de la casa del señor cura, y el de las cabras, delante de la casa del concejo.

Las cabras eran todas blancas, como generalmente lo son aún las de aquella comarca, menos una que era negra como la mora. Esta cabra llamó la atencion de los sambernabeses.

—¡Calla! dijo uno de ellos, esa cabra es forastera.

—De juro, asintieron otros.

—¡Hombre, qué gorda y hermosa es!

—¿De dónde es esa cabra negra, pastor?

—Ella, contestó el pastor, forastera es, pero no sé de donde, porque en el monte se han reunido

hoy con las nuestras las de Biergol y otros lugares que las tienen blancas, negras y pintas. ·

Al dia siguiente, á la misma hora, la misma cabra apareció en el mismo sitio entre las de San
Bernabé, y suscitó la misma ó parecida conversacion.

Al otro dia sucedió lo propio.

—Por lo visto, dijo uno de los vecinos, la cabra negra se ha empeñado en ser sambernabesa.

—¡Y qué alhaja es! ¡Hombre, si revienta de
gorda!

—¿Saben Vds. que para una merienda entre
todos los vecinos del pueblo, á la caidita de la tarde, en la mesa del concejo, era á pedir de boca?

—¡Escelente idea!

Los sambernabeses tenian en aquel instante
flojo el estómago, y ya se sabe que esta flojedad
inspira las ideas más atrevidas y pecaminosas.
¡Cuántas gloriosas revoluciones políticas han sido
inspiradas por la flojedad de estómago!

X.

—¡No digan Vds. disparates! replicó el señor
cura disgustado de que áun en broma tratasen
gentes cristianas y honradas de apropiarse lo
ageno.

—Vd. ha de perdonar, señor cura, le contestó

uno de los vecinos; pero no me parece ningun
disparate el que nos comamos en amor y compañía
una cabra que no tiene dueño.

—¿Y quién les dice á Vds. que no le tiene?

—Cuando nadie la reclama, claro está que no
le tiene.

—En ese caso tambien se dirá que no tiene
dueño el bolsillo lleno de dinero que uno se encuentra en un camino, y, sin embargo, no puede
uno disponer de ese dinero aunque su dueño no lo
reclame.

—¿Que no? ¡Ave-María Purísima! ¡Nunca oí
otro tanto! ¡Diga Vd. que yo me encontrara mañana un par de docenitas de onzas, y veria usted
si disponia ó no de ellas! Lo que se pierde es del
que lo encuentra.

—Lo que se pierde es del que lo ha perdido. La
Sagrada Escritura dice: «Si encontrares buey ú
oveja de tu prójimo, devolvérselo debes.»

—Pero venga Vd. acá, señor cura, y dígame
una cosa. Si mañana ú otro dia se va una cabra
de las nuestras... pongo por caso, con las de Biergol, y los de Biergol ven que pasan dias y más
dias sin reclamarla su dueño, ¿cree Vd. que no se
la comerán?

—Harán muy mal si se la comen.

—Pero se la comerán.

—¡Claro está! exclamaron todos los vecinos.

—Pues yo digo que está turbio, replicó cada

vez más incomodado el señor cura, levantándose de su asiento.

—Nada, nada, mañana si Dios quiere, que es domingo, á la caidita de la tarde, hacemos en la mesa del concejo una merendona con la cabra negra.

—No harán Vds. semejante picardía.

—¿Pero por qué no, señor cura?

—Porque seria faltar á los Mandamientos de la ley de Dios.

—¡Cá! repuso con maliciosa sonrisa uno de los vecinos, no es por los Mandamientos por lo que el señor cura se opone á que nos comamos la cabra; es porque sospecha que la cabra es de Biergol.

—Justo, por eso es, asintieron todos los demás.

—Ya me tienen Vds. harto con tan ruines sospechas. Pero ¡no sean Vds. tercos, hombres de Dios! Si quieren tener mañana una merienda, ténganla como Dios manda, pagándola á escote, que gracias á Dios en San Bernabé no hay quien no pueda permitirse ese despilfarro.

—¡A escote! Eso no tiene gracia. La gracia está en que merendemos sin costarnos un cuarto.

—¿A costa del vecino, no es verdad?

—¿Del vecino, eh? ¡Ahí, ahí es donde le duele al señor cura!

El señor cura no pudo aguantar más. Viendo que no hallaba medio de convencer á aquellos tercos, tomó el camino de su casa despues de dejarle s esta especie de triste profecía:

—Harán Vds. la picardía que se les ha puesto en la cabeza; pero no la harán impunemente. San Bernabé ha sido hasta aquí 🌸 pueblo feliz y próspero, porque hasta aquí había sido un pueblo justo y honrado; pero tengan Vds. entendido que los individuos, las familias y los pueblos empiezan á ser desgraciados allí donde empiezan á ser injustos. El primer pecado, por pequeño que sea, es como la bola de nieve, que por pequeña que sea va creciendo, creciendo y aplasta una ciudad.

Los sambernabeses se pusieron un poco pensativos al oir estas palabras pronunciadas de tal modo que parecia animar al señor cura el espíritu profético que vaticinó la ruina de la ciudad deicida; pero como uno de ellos exclamase al fin:

—¡Qué demonios! dejémonos de escrúpulos de monja y merendemos mañana la cabra negra.

—Sí, sí, asintieron casi todos, mañana caerá al rededor de la mesa del concejo, con ayuda de un pellejo de vino que pagaremos á escote.

Y, en efecto, al dia siguiente la cabra se merendó entre todos los vecinos en el encinar de la iglesia, con gran algazara y salvas de cohetes y escopetazos y burlescos brindis á los lugares inmediatos, y particularmente á Biergol.

Entre tanto, el señor cura pedia á Dios en la iglesia que no tomase en cuenta la obstinacion con que aquellas gentes, hasta allí tan justas y honradas, quebrantaban uno de sus Mandamientos cometiendo el primer pecado.

XI.

Una tarde de Agosto, justamente un mes después que los sambernabeses se merendaron la cabra negra, estaba agonizando un anciano de San Bernabé, y el señor cura le prodigaba los consuelos de la religion.

Allá, sobre las cumbres de Ordunte, se ponia oscuro, oscuro el cielo, brillaba el relámpago y rugia la tempestad.

Era la una de la tarde, y los labradores dormian la siesta en sus casas, esperando que en la torre de la iglesia sonasen las dos para volver á sus heredades.

La tempestad se iba acercando, como que se cernia ya sobre los campos de Nava, Jijano y el Berron; pero nadie curaba de ella en San Bernabé acostumbrado como estaba el vecindario á que el señor cura diese buena cuenta de ella con sus conjuros.

Sin embargo, un grito de horror y asombro resonó en todas las casas al sentir sus moradores el estallido de un rayo que partió la mesa del concejo y derribó la encina que la cobijaba y al sentir el ruido de una nube de piedras como nueces que

rompia las tejas y los cristales de las casas y des-
trozaba el ramaje de los frutales de los huertos.

En el momento en que la terrible tempestad se
alejaba de San Bernabé, el señor cura salió de la
casa del moribundo, entró en la iglesia y tocó á
muerto. ¡El anciano á quien auxiliaba acabó de
espirar!

Los vecinos salian de las casas, y dirigiendo la
vista á la vega desde las cercanías de la iglesia,
prorumpian en lágrimas y gritos de desolacion:
era porque el terrible pedrisco habia asolado completamente los campos de San Bernabé. ¡Todo:
maizales, viñedos, parrales, frutales, colmenares;
todo, todo habia sido destruido! Hasta el ganado
menudo que pastaba en el campo habia sido muerto por el pedrisco.

Muy pronto los lloros y lamentaciones se tro-
caron en gritos de indignacion y amargas reconvenciones dirigidas al señor cura porque no habia
conjurado la tempestad.

En vano el señor cura hizo presente al vecindario que no merecia tales reconvenciones, porque
un deber sacratísimo superior á todo interés humano le habia detenido al lado del moribundo, que
le pedia no le abandonase en el momento supremo; no faltó quien malévolamente observase que
si el señor cura no habia conjurado la tempestad,
habia sido por temor de que retrecediese y diese la
vuelta por Biergol, cuyos campos se habian li-

brado de ella á costa de los de San Bernabé y gracias á aquella picardía del señor cura.

Esta insensata idea encontró acogida en el vecindario é indignó de tal modo al señor cura, que este creyó rebajar su dignidad descendiendo á rechazar semejante absurdo.

XII.

Pocos dias despues de la tempestad, otra tempestad cayó sobre San Bernabé, á pesar de que el señor cura hizo grandes esfuerzos para conjurarla. La cabra merendada por los sambernabeses pertenecia al lugar de Biergol, cuya comunidad poseia un rebaño de cabras conocido con el nombre de rebaño del concejo.

Sabedores los biergoleses de que los de San Bernabé se habian merendado la cabra con acompañamiento de bríndis provocativos, entablaron demanda contra ellos, á pesar de que el cura de San Bernabé, su paisano, hizo cuanto pudo para disuadirlos de semejante paso y aun se comprometia á pagar de su bolsillo la cabra merendada.

Los sambernabeses creyeron absurdamente que aquella era cuestion de amor propio y no de dinero, y juraron que los biergoleses no habian de ver un cuarto por la cabra, porque todo, todo era envidia y solo envidia que Biergol tenia desde muy antiguo á San Bernabé.

El pleito siguió corriendo instancias y más instancias y haciéndose interminable, con gran contento de la curia, que sacaba las entrañas..... del bolsillo á los sambernabeses.

No era este el único filon de la mina de San Bernabé que esplotaba la curia: apenas habia allí casa que no tuviera algun individuo preso en la cárcel del valle de Mena por quimeras tenidas con los de los pueblos comarcanos. La causa de estas quimeras era tambien la maldita cabra negra con tanta alegría merendada por los sambernabeses.

No iba uno de estos por ninguna parte del valle de Mena, de Losa, de Tobalina, de Alava, de Vizcaya, de la Montaña y aún del lado meridional del Ebro, sin que tuviera que escoger entre armarse de la paciencia de Job ó armarse de una estaca y empezar á estacazos contra todo bicho viviente, porque eran capaces de cargar á Cristo padre las bromas que á cuenta de la condenada cabra negra se daban en todas partes á los pobres sambernabeses.

—¿De dónde sois? les preguntaban.

—De San Bernabé.

—¡Beeee! berreaban entonces los preguntadores, y ya estaba armada la paliza.

Por cerca de la colina de San Bernabé atravesaba una calzada que iba á la villa de Arceniega y continuaba por el valle de Ayala á Orduña. No

pasaba por ella hombre ni mujer que al dar frente
á San Barnabé no se desgañitase á balar de la
manera más provocativa, sin que sirviesen de escarmiento las palizas que con frecuencia arrima-
ban los sambernabeses á los baladores.

Estas bromas iban ya siendo una pesadilla in-
soportable para los vecinos de San Bernabé, tanto
que no se podia pronunciar delante de ellos el
nombre de su pueblo ó el del santo que al pueblo
daba nombre sin que se les figurase que inten-
cional y malignamente se habia prolongado la
terminacion de aquel nombre.

El mismo señor cura habia tenido muchas veces el disgusto de oir en la iglesia murmullos de
desaprobacion cuando pronunciaba el nombre del
santo titular, y aquellos murmullos procedian de
que los suspicaces sambernabeses habian creido
notar que el señor cura duplicaba la *e* final del
nombre del santo.

Más, aunque parezca increible y exagerado:
hasta las ovejas y las cabras eran ya insoporta-
bles á los obcecados sambernabeses, que no podian
tolerar sus inocentes balidos, y con frecuencia sucedia una cosa que daba más y más pábulo á las
burlas y chacota de los habitantes de aquella comarca.

Oian los sambernabeses un coro de balidos en
los sombríos encinares que rodeaban la vega;
corrian á los encinares armados de escopetas y

bramando de indignacion, y se encontraban con que los balidos que tanto habian irritado su bilis eran los de las cabras y las ovejas de la aldea.

XIII.

Una nueva calamidad vino muy pronto á aumentar y agravar las que ya afligian á San Bernabé, antes tan feliz y tranquilo: como el arca comun habia quedado sin un cuarto con el interminable pleito con los de Biergol, y no habia que pensar en repartos al vecindario, porque este estaba ahogadísimo con la pérdida total de las cosechas del año anterior, causada por el pedrisco y con los procedimientos judiciales que se seguian particularmente contra los vecinos, se habia descuidado la limpia del riachuelo que corria por la vega, y estancadas las aguas, tanto en el cauce del rio, como en las zanjas de las heredades, á donde se corria en tiempo de avenidas, las aguas se habian corrompido, y la aldea de San Bernabé, ántes tan sana, estaba infestada de calenturas malignas que diezmaban al vecindario y tenian convertidas en espectros á aquellas gentes, en otro tiempo tan robustas que causaban el asombro y la envidia de los viajeros.

Pero no paraban en esto las desgracias que afligian á San Bernabé: la discordia reinaba entre sus moradores, tan fraternalmente unidos hasta el dia en que se merendaron la cabra negra.

Estas discordias tienen una esplicacion muy sencilla, aunque fuese poco racional la causa de ellas; esta causa era, en primer lugar, la falta de harina, que lo convertia todo en mohina, y en segundo, el empeño que todos tenian en atribuir al vecino la idea de la merienda, que con razon se creia ser orígen providencial de todas las calamidades y desgracias que pesaban sobre la aldea.

—¡Maldita sea la tal merienda y maldito el hijo de cabra á quien le ocurrió la idea de que merendáramos la de Biergol! exclamaba cualquier vecino, lamentando las desgracias que la merienda habia traido.

Y... que si fuiste tú, que si no fuí yo, que si Fulano dijo esto, que si Mengano dijo lo otro, todos querian cubrirse con la túnica de la inocencia y endosar al vecino la hoja de higuera, y de aquí nacian enemistades, y chinchorrerías y linternazos que tenian infernado el pueblo.

Luego, como todos los sambernabeses habian concebido tan irracional prevencion contra el señor cura, por más que este hiciera heróicos esfuerzos de paciencia y persuasion para vencerla, hasta los consuelos de la religion faltaban en gran parte á aquellos desgraciados, que tenian la debilidad de creer que el señor cura mezclaba con las santas funciones de su ministerio las rencillas y miserias de que ellos tenian lleno el corazon.

Un consuelo, una esperanza quedaba, sin embargo, á los sambernabeses. Por fin, decian, la fiesta de San Bernabé se acerca, y entonces saldremos de ahogos con los miles de duros que ese dia dejan en el pueblo los forasteros. A ver si con esos recursos nos desahogamos un poco los vecinos y el ayuntamiento puede limpiar ese condenado de rio, que nos está asesinando, y enderezar ese maldito pleito con los de Biergol, que está arruinando á San Bernabé.

XIV.

El gran dia, el dia de San Bernabé se acercaba. Con quince de antelacion se reunieron todos los vecinos de la aldea, segun costumbre, para acordar los festejos con que se habia de obsequiar á los forasteros. En esta junta ó concejo habia aquel año una novedad, y era la de no asistir á ella el señor cura, como habia asistido todos los años.

Uno de los vecinos tomó la palabra y dijo:

—Señores, no me gusta hablar mal de nadie, y mucho ménos del que no está presente, y ménos aún del que gasta corona; pero no puedo ménos de proponer un voto de censura al señor cura por su falta de asistencia á una reunion tan importante como esta, falta que este año es más censu-

rable que nunca, porque hasta indica poca caridad, hallándose el pueblo en la desgraciada situacion en que se halla.

—Abundo en esas mismas ideas, respondió el
mayordomo del santo, que lo era el descendiente
del primer poblador de San Bernabé. Es verdad
que al señor cura no se le ha avisado este año por
causas que todo el mundo sabe...

—Que diga el señor mayordomo qué causas
son esas, porque aquí hay que hablar muy claro,
pese á quien pese y caiga quien caiga, exclamó
otro vecino dando grandes muestras de irrita-
cion.

—Pues bien, respondió el mayordomo, las diré,
aunque nadie me ha de dar dos cuartos por la
noticia. Aquí hay que tratar, aunque sea inci-
dentalmente, de los forasteros, y quizá, y sin quizá, hablando mal de ellos, y hubiera sido poco
delicado y generoso el haber citado para esta reunion al señor cura, que tanta aficion les tiene.

—A propósito del señor cura, añadió el vecino
que habia dicho que era menester hablar muy
claro, tengo que poner en conocimiento del concejo una cosa que me tiene indignado: el señor cura,
no contento con insultarnos hasta en la iglesia
misma, añadiendo letras al nombre del santo
apóstol, ha enseñado á su loro á burlarse de nosotros, pues el avechucho se permite balar desde
el balcon.

Gritos de rabia y miradas amenazadoras, dirigidas hácia casa del señor cura, con acompañamiento de puños cerrados, acogieron esta dec la-
racion.

—Señores, dijo con timidez el sacristan, no lle-
vemos tan lejos la desconfianza. El señor cura no
tiene la culpa de que su loro bale. Como en verano duermen las ovejas al fresco en el redil que se
pone delante de la casa del señor cura y no paran
de balar hasta por la mañana, en que despues de
ordeñarlas se las junta con las crias, el loro ha
aprendido por sí solo á imitar sus balidos.

Esta aclaracion encontró algunos incrédulos;
pero medio creida por la mayoría del vecindario,
se dejó en paz al señor cura y se pasó á tratar de
las funciones que aquel año se habian de disponer
para el dia de San Bernabé, y despues de mucho
hablar, mucho discurrir y mucho divagar, se con-
vino en que las funciones se redujeran á la de
iglesia con sermon que por buenas ó por malas
echaria el señor cura, y al disparo, por la tarde,
desde el balcon del señor mayordomo, de cinco ó
seis docenas de cohetes, y por la noche, de una
rueda de fuego, porque en la depositaría municipal no habia dinero ni el pueblo tenia de donde
sacarlo.

—Pero, señores, observó uno de los vecinos, si
no hay más diversiones que esas, ¿qué van á decir los forasteros, acostumbrados como están á que

19

los divirtamos tanto el dia del Apóstol? Añadamos siquiera un par de buenos novillos.

—Sí, sí; yo estoy por un par de novillos de los más bravos, asintió el vecino que queria se dijese todo, pesara á quien pesara y cayera quien cayera; pero ha de ser con una condicion, y es la de que ño se suelten hasta despues de haber metido en el coso á todos los biergoleses que hayan venido á la fiesta.

El concejo no estaba para risas, pero aun así rió al oir esta proposicion, y no faltó pedazo de animal que la tomó por lo sério.

Convínose en añadir al programa el par de novillos, y el concejo se disolvió en seguida.

XV.

Llegó la víspera de San Bernabé con tiempo inmejorable aunque algo ventoso. El campo de la iglesia se llenó de puestos y figones, cada casa se convirtió en una fonda y toda la noche se pasó matando y desollando reses.

La taberna del concejo estaba provista de más de cien pellejos de vino riojano, y en todas las casas se puso ramo de laurel fresco anunciando el sabrosillo zumo de la uva sambernabesa.

En cuanto á la funcion de iglesia, el señor cura habia prometido hacer todo lo que estuviese de su parte para que fuese lo más lucida posible, y habia arreglado y estudiado un panegírico del santo que creia habia de producir muy buen efecto, particularmente la invocacion ó apóstrofe final dirigido al santo titular pidiéndole que viera el estado en que se hallaba el pueblo que se honraba con su santo nombre é intercediera con el Señor para que mejorara su triste situacion.

Pobres eran las diversiones dispuestas para el dia siguiente; pero aun así los chicos y aun los grandes se regocijaban pensando en los novillos, y sobre todo en los cohetes y la rueda de fuego que desde la calle veian puestos en el balcon del mayordomo, donde este los habia colocado pomposamente para que el público pudiera contemplarlos.

Amaneció por fin el tan deseado dia y los sambernabeses dirigieron la vista hácia Ayala, hácia las Encartaciones, hácia la Peña, hácia Bortedo, hácia todas partes esperando ver asomar aquella infinita muchedumbre de romeros que en tal dia y á tal hora se dirigia otros años hácia San Bernabé; pero con gran sorpresa y dolor solo descubrieron alguna que otra persona, y entre ellas media docena de .escopeteros que el alcalde mayor del valle de Mena. enviaba para mantener el órden, que temia se turbase con motivo de las bromas y cuestiones que mediaban entre los sambernabeses y los vecinos de los lugares inmediatos.

Esta falta de forasteros tenia una esplicacion al alcance del ménos perspicaz: sabiase en todas par-

tes que las calenturas y la discordia reinaban en
San Bernabé, y se sabia tambien que los sambernabeses habian acordado reducir poco ménos que
á nada las funciones.

Habia además otro motivo para que estuviese
desanimadísima la fiesta de San Bernabé. Los de
Biergol, deseosos de cumplir sus promesas de
mandar decir y oir misas en el altar del Apóstol
sin necesidad de ir para ello al pueblo que tal
ojeriza les tenia, habian erigido una ermita al
mismo santo en un llano de su jurisdiccion, donde
todavía existe y es muy venerada. Más aún habian hecho los biergoleses, y es probable que en
ello se mezclase lo profano con lo piadoso: habian
anunciado por edictos fijados en todos los pueblos
de aquellas comarcas la ereccion de su ermita á
San Bernabé, añadiendo que se abriria al culto
solemnemente el dia del santo, y en celebridad de
tan fausto suceso habria grandes festejos, entre
ellos corrida de toros y fuente de vino.

Nada de esto sabian los obcecados y presun-
tuosos sambernabeses, y si sabian algo creian que
se iban á llevar chasco los biergoleses, pues ¡qué
forastero habia de hacer caso de un San Bernabé
hecho como quien dice el dia anterior del primer
zoquete de encina que los biergoleses habian encontrado á mano!

La hora de la funcion de iglesia se acercaba, y
apenas llegaban á doscientos los forasteros, con

la particularidad de no hallarse entre ellos ninguno de Biergol. Tan inesperada falta de con-
currencia á la romería tenia desesperados á los
sambernabeses, desesperacion que se aumentaba
con las noticias que se iban recibiendo de que
por todas partes se dirigia gente hácia Biergol.

Entonces empezó á correr el sordo rumor de
que en todo aquello andaba la mano oculta del
señor cura, y hasta se llevó la suspicacia y la
malignidad al punto de sospechar si el señor cura
habria cambiado la imágen del Apóstol dándosela
á los de Biergol y sustituyéndola con la que habian hecho de una encina cualquiera los biergoleses.

El disgusto era tanto mayor cuanto que no
cesaban en la calzada que atravesaba los encinares
los provocativos balidos de las gentes que iban
hácia Biergol, y un incidente que ocurrió poco
ántes de empezar la misa vino á envenenar más
y más los ánimos: algunos de los pocos forasteros
que habian venido de lejos, habian almorzado
fuerte apenas llegaron, y, como respondiendo á
los balidos que oian en la calzada del encinar, se
pusieron á balar desesperadamente en el campo
de la iglesia, por lo que entre ellos y los del pueblo
se armó una paluquina de mil demonios que con
dificultad consiguieron contener los escopeteros.

XV.

Por fin, empezó la funcion de iglesia, llenándose esta de gente. Como la iglesia era pequeña, todos los años se decia la misa mayor en un altar con la venerada imágen del Apóstol, que se colocaba en el pórtico para que desde el campo pudiera la muchedumbre asistir al santo sacrificio; pero entonces no creyó el señor cura que habia necesidad de celebrar fuera, por más que la gente estuviese dentro un poco apretada.

La procesion al rededor de la iglesia fué solemne y tranquila, si bien el viento del Sur, que soplaba desde la noche anterior bastante recio, apagó tódas las hachas y faltó poco para que derribase imágen y estandarte. Hubiera sido lástima tener que celebrar la misa en el pórtico, porque con aquel airejon no hubiera podido lucir la iluminacion del altar, que dentro estaba como una ascua de oro con la infinidad de luces que en él ardian.

Empezó la misa, y despues del Evangelio, el señor cura subió al púlpito y comenzó el panegírico del santo.

Apenas habia dado principio á su oracion, se manifestaron, con escándalo de todas las personas sensatas y piadosas, las brutales prevenciones que los sambernabeses abrigaban contra su candoroso párroco, pues no nombraba este una sola vez á San Bernabé sin que estallasen murmullos de descontento, creyendo el obcecado vecindario que el sacerdote prolongaba intencionalmente la última sílaba del nombre del santo.

Dolorosamente afectado el señor cura con la obcecacion é injusticia de sus feligreses, abrevió cuanto pudo el sermon y se volvió hácia el Após-tol para dirigirle el piadoso apóstrofe que habia preparado cuidadosamente y esperaba habia de producir saludabilísimo efecto, así en el santo co-mo en el vecindario.

—Santo y glorioso Apóstol, exclamó, ve, ve...

Salvajes gritos de ira interrumpieron al predi-cador, que no pudo completar la frase de «ve, ve el tristísimo estado en que se halla el pueblo que patrocinas!»

—¡Matarle! ¡Matarle! ¡Que muera! gritaban hombres y mujeres promoviendo un tumulto es-pantoso.

Dos de los más furiosos y desatentados se lan-zaron al pie del púlpito, que estaba sostenido casi solo por una esbelta columna de piedra, y abra-zándose á la columna, la sacaron de su base y derribaron el púlpito con el predicador, que fué á dar contra un pilar de la iglesia, donde se des-hizo la cabeza.

Como la confusion y el desórden crecian cada vez más, muchas personas se subieron sobre los

altares esperando librarse así de morir ahogadas
ó aplastadas.

Los que habian subido al altar mayor derribaron algunas velas de las muchas que ardian allí,
y prendiéndose una cortina, el fuego se estendió
rápidamente por el retablo, que estaba como yesca por su mucha antigüedad, y trepando al techo, que era de madera laboreada, se estendió con
la velocidad del relámpago por todo el templo,
avivado por el viento Sur que entró de repente
por las puertas principal y laterales, que abrió de
par en par la muchedumbre para lanzarse fuera
de la iglesia.

La gente, atemorizada, huia, y los escopeteros
pugnaban por apoderarse de los principales pro-
movedores de aquel terrible tumulto, y particularmente de los asesinos del párroco.

Algunos de los perseguidos se refugiaron en
casa del mayordomo, que era la más sólida del lugar, y cerrando tras sí la puerta, empezaron á hos-
tilizar desde el balcon y las ventanas á los escopeteros que querian forzar la entrada.

Muebles y cacharros y hasta agua hirviendo
caian sobre los escopeteros desde el balcon. Entonces los escopeteros hicieron fuego á los que
desde el balcon les hostilizaban, y los cohetes y
la rueda de fuego, que estaban allí, se inflama-
ron; el fuego se comunicó al cortinaje interior del
balcon, y pronto la casa se vió envuelta por las

llamas, que, impulsadas por el viento, fueron apoderándose de las demás de la única calle que constituia casi toda la aldea.

Algunos vecinos y forasteros hicieron desesperados esfuerzos por salvar de las llamas, así el templo como las casas, pero todo fué inútil: ¡pocas horas despues, de la hermosa aldea de San Bernabé solo quedaban montones de escombros, que atestiguaban á dónde puede conducir, así á los individuos como á los pueblos, el primer pecado!

FIN DE LAS NARRACIONES POPULARES.

ÍNDICE.

ERRATAS NOTABLES. Página 58, línea 15, dice «Moñaria,» léase «Manañária;» pág. 68, lín. 13, dice «de la Arceniaga,» léase «de Arceniaga;» pág. 69, lín. 4, dice «char,» léase «echar;» pág. 185, lín. 10, dice «del,» léase «de;» pág. 195, lín. 4, dice «de,» léase «de lo que era;» pág. idem, lín. 7, dice «lo que era mucho,» léase «mucho;» pág. idem, lín. 10, dice «velo,» léase «celo;» pág. 198, lín. 17, dice «del,» léase «de;» pág. 230, lín. 4, dice «Aquejábale,» léase «Aguijábale.»

OCT 1 1937

AUG 8 1938

JUL 14 1939

FEB 20 1942 U

www.ingramcontent.com/pod-product-compliance
Lightning Source LLC
Chambersburg PA
CBHW071544080326
40689CB00061B/1799